나의 소비자 분쟁 조정기

나의 소비자 분쟁 조정기

우리의 소중한 일상을 지키는 방법

변웅재

인터레스

**소비는 개인의 자유이지만,
그 자유에는 책임이 따른다.**

프롤로그

돈 쓰는 게 죄가 되지 않게

날이 많이 추워졌다. 이제는 언제 눈이 내리더라도 이상할 것 같지 않다. 그래도 집안에서 움츠리지 않고 열심히 동네를 걸어 다녀야겠다. 추운 칼바람에 맞서다 보면 사그라진 열정도 살아나고, 또 굳어가는 뇌신경도 자극을 받지 않을까? 다시 한번 올해 나의 다짐을 생각해본다. "바람이 인다! 살려고 애써야 한다!(Le vent se lève! il faut tenter de vivre!)."*

_2021년 11월 26일 일기

지금도 생각해보면 그때 왜 그런 결정을 했는지 의문이 든다. 대형 로펌에서 외국을 제집처럼 드나들고 고액 연봉을 받으며 잘살

---

* 폴 발레리(Paul Valéry) 시 〈해변의 묘지(Le ciemetière marin)〉의 한 구절.

던 사람이, 갑자기 때려치우고 남들은 잘 알지도 못하는 '소비자분쟁조정위원회' 같은 곳에서 일하기로 결심하다니. 주변 사람들의 첫 번째 반응은 "거기가 뭐 하는 곳인데?"였다. 그래서 나름 변호사답게 "소비자기본법에 따라서…" 장황하게 설명하려 치면 "그게 나중에 돈이 돼?"라는 질문으로 돌아왔다. "돈이 되는 게 아니라 중요…"라고 답하면 "그런데 왜 해?"라는 반문으로 이어졌다. 이제 세상사에 눈이 조금 뜬 큰아이도 "아빠, 그거 안 하면 안 돼?" 했다. 옆에서 보다 못한 아내가 "그러면 넌 아빠가 평생 로펌 같은 데서만 일해야 하겠어?" 하고 나를 두둔해줬다.

여러분도 궁금해할지 모를 것 같아 미리 말해두자면, 주변의 예상대로 나는 소비자분쟁조정위원회에 가서 경제적으로는 손해가 컸다. 그렇지만 어디까지나 상대적으로 그렇다는 말이지, 소비자분쟁조정위원회 위원장은 공직 기준으로는 연봉도 높고 대우도 좋다. 대형 로펌에서 일하던 때와 비교해 경제적으로 손해가 컸다는 뜻이다. 연봉도 많이 깎였고, 퇴임하고 나니 다시 들어갈 수 있는 대형 로펌도 없어서 예전에 하던 일로 돌아가기가 어려워져 또다시 삶의 갈림길에 서게 됐다. 한 친구는 내게 "신선놀음에 도끼 썩는 줄 몰랐지?" 놀리기도 했다.

신선놀음이라… 과연 신선놀음이었을까? 1993년 사법연수원

연수생 시절 처음으로 소비자단체에서 일하며 느꼈던 보람과 기쁨 그리고 슬픔을 다시금 느낄 수 있었으니, 신선놀음을 한 것 같기도 하다. 게다가 어디에 내놔도 너무나 자랑스러운 우리 팀원들과 함께 3년 동안 함께 고민하고 울고 웃었던 기억을 돌이켜보면, 확실히 신선놀음이 맞았던 것 같다. 그래서 혼자서만 알고 있기가 너무 아까워 여러분께 들려드리려고 한다. 소중한 돈을 쓰고도 예기치 못한 분쟁에 휘말려 죄인처럼 고통받는 일이 없도록 도움을 드리고 싶다.

《나의 소비자 분쟁 조정기》는 2022년부터 2024년까지 3년 동안 한국소비자원(KCA)에 설치된 소비자분쟁조정위원회를 이끌며 경험했던 여러 분쟁 사례를 범주별로 나눠서 여러분과 공유하려고 쓴 책이다. 친구 말대로 신선놀음이라면 역설적으로 엄청나게 바쁜 신선놀음이었다. 앞으로 소개할 소비자 분쟁 사례 중에는 여러분이 수많은 뉴스 기사로 접한 것들도 있다. 내가 그 분쟁 조정의 중심에 있었던 만큼 더 디테일한 내용을 전달하고 소비자 권리와 관련한 여러 조언도 제시할 것이다. 아울러 사업자(판매자)와 정부가 특히 주의를 기울여야 할 사안에 대해서도 제안할 것이다. 소비자는 매우 중요하다. 소비자는 기업에 고객이고 정부에 국민이기 때문이다.

내가 가끔 시청하는 미국 교회의 온라인 예배가 있는데, 어떤 신도가 그림 그리기와 신앙생활을 비교하면서 "표현(expression)이 없는 인상(impression)은 스트레스입니다"라고 말하던 장면이 떠오른다. 나도 내가 느낀 인상을 표현하지 않고 혼자서만 품고 있으면 굉장히 스트레스가 될 것 같았다. 내가 평소 좋아하는 미국 영화배우 덴젤 워싱턴(Denzel Washington)이 펜실베이니아대학교 졸업식 축사에서 "여러분이 하고 싶은 것을 하지 않으면, 병상에서 죽어갈 때 여러분이 살아생전 하지 않은 것들의 유령들이 침대를 둘러싸고 있을 것"이라고 말한 대목도 생각난다. 생각만 해도 섬찟하다. 나는 그런 죽음을 맞이하고 싶지 않다.

내가 소비자 이슈에 관심을 두고 활동하게 된 것은 1993년 여름부터였다. 당시 나는 이른바 '소년등과(少年登科)', 그러니까 비교적 어린 나이에 사법고시에 합격해 대학을 갓 졸업하고 사법연수원에서 연수 과정을 밟고 있었는데, 1년 차 여름 방학 때 사회봉사활동을 하게 됐다. 몇 개 기관이나 단체 중에서 한 곳을 고를 수 있었고, 나는 그때 서울 YMCA의 '시민중계실'을 선택했다. 기독교 단체인 데다 장소가 종로 한복판이라서 고민할 것도 없었다.

그런데 문제가 생겼다. 여름 방학 기간 1개월 동안 1주일만 봉사 활동을 하면 되는 터라 신청서의 기간 항목에 1개월 중 아무 때고 1주일이란 의미로 별다른 생각 없이 '애니타임(any time)'이라고 적었는데, 그것을 '항상'으로 받아들인 것이었다. 어쭙잖게 괜히 영어로 썼다가 졸지에 한 달 내내 시민중계실에서 상담 봉사 활동도 하고, 다른 연수생들 오리엔테이션도 해주고, 마치 상근 직원처럼 일하게 됐다. 그때 시민중계실은 전화 상담뿐 아니라 방문 상담도 많아서, 시쳇말로 시장통처럼 시끌벅적했더랬다. 어쨌든 어린 예비 법조인이 그때를 계기로 우리 주변 일상의 문제에 눈을 뜨게 됐으니, 천운이라면 천운이었을까? 내가 좋아하는 영어 표현이 '아이오프너(eye-opener)'였는데, 그야말로 눈이 번쩍 뜨이는 경험을 한 것이었다. 여름 봉사활동 기간이 끝난 뒤에도 시간 날 때마다 시민중계실로 찾아가 시간을 보내곤 했다.

1998년에는 서울 YMCA 시민중계실이 발간한 《시민중계실 20년사: 새로운 사회는 시민 모두의 힘으로》라는 책에 내가 쓴 "20대를 보내며"라는 글도 실렸다. 장황하고 머쓱하지만 지금 읽어 봐도 그때 느낀 인상이 전기에 감전된 것처럼 찌릿하다.

내가 YMCA 시민중계실과 처음 인연을 맺은 것은 1993년 여름의 일로 기억된다. 어느덧 5년 가까운 세월이 흐른 것이다. 그동안 많은 일이 있었지만 아직도 바로 어제 일처럼 선명한 영상들…. 나의 20대의 가장 보람 있고 즐거운, 그러면서도 안타까웠던 시간이라고 느껴지는 그때의 일들을 하나하나 돌아보고자 한다.

제일 먼저 생각나는 것은 1993년에 겪은 두 사건이다. 1993년 여름 어느 날 시민중계실에 두 사람이 약간 어색한 걸음걸이로 들어왔다. 나는 그분들을 내 책상 앞에 앉게 하고 상담을 시작했는데, 문의 내용은 자기 부인이 계주를 하다가 도망쳤는데 그 책임을 모두 뒤집어쓰게 되어 그 대처방안을 묻는 것이었다. 내가 평소 하던 습관대로 종이에 이것저것 써주며 설명하면서 "이걸 보세요"라고 말하자, 그중 한 사람이 주머니에서 무언가를 슬그머니 꺼내 책상 위에 올려놓았다. 무언가 보니 '장애인 증명서'가 아닌가. 그제야 정신을 차리고 고개를 들어보니 그 사람은 실내인데도 까만 안경을 쓰고 있었다. 동행한 사람이 설명하기 시작했다. 시각장애인으로 태어나 안마를 해주며 생계를 유지한 이야기, 어느 여자가 다가온 이야기, 그리고 평생 안마를 해서 모은 돈을 모두 그 여자에게 사기당한 이야기…. 그러나 여자는 이미 행방을 감췄고 그가 그 여자를 고소한 사건은 '혐의 없음'으로 종결됐다. 그 여자를 찾기 전까지는 별다른 구제 방법이 없는 상황이었다.

또 한 경우는 어느 젊은 가장이 다짜고짜 전화에 대고 울음을 터뜨린 사건이다. 그는 부인과 아이 1명을 데리고 1,000만 원짜리 월셋집에 사는 사람이었고, 어느 날 연로한 집주인과 말다툼하다가 밀쳤는데 그만 크게 다쳐 더 큰 손해배상을 해주게 된 것을 하소연하다가 갑자기 울음을 터뜨렸다. 자신이 지금까지 모은 모든 돈이 하루아침에 없어지고 가족들과 살 거처마저 사라졌다는 것이었다. 법률적인 게 문제가 아닌 상황이어서 나는 그저 위로의 말만 할 수밖에 없었다.

그러고 보니 시민중계실에 온 사람 중에는 단순한 법률 문제 이상의 것을 들고 온 사람들도 의외로 많았던 것 같다. 직장을 찾기 위해 아기를 등에 업고 이 구청 저 구청을 전전하던 미혼모, 대법원 앞에서 혼자 플래카드를 들고 시위를 하다가 그 모습 그대로 사무실에 쳐들어왔던 어느 노인, 그리고 약간 정신이 이상한 사람들…. 당시에는 무척 귀찮고 곤혹스러웠지만 지금 생각해보면 그저 평범한 법률 문제를 들고 왔던 사람들보다 더 선명하게 기억에 남는 것은 왜일까? 우리네 사는 모습이 그래서 그런 것이 아닐까?

서로의 애증에 얽히고, 합리적으로 문제에 접근하기에는 고통으로 인한 정신적 혼란이 너무 큰 우리네 모습들을 법률의 잣대만으로 측정하고 재구성하는 것은 어느 경우에 있어서나 다소 무리가 있지 않을까? 특히 아직 사회 경험도 부족했던 20대 중반의 법학도에게 있어서는.

이런 인연들이 쌓여서 20대 중반부터 소비자 문제에 관심을 두고 여러 활동을 계속하게 됐다. 특히 꾸준히 한 일은 한국소비자단체협의회에서 운영하는 자율분쟁조정위원회 조정위원으로 활동한 것이었다. 상근은 아니고 한 달에 한두 번 회의에 참석해 소비자와 사업자 사이의 분쟁을 조정하는 일이었는데, 빠짐없이 참석하자 얼마 지나지 않아 부위원장으로, 나중에는 위원장으로 승진했다. 소비자분쟁조정위원회 위원장으로 추천된 시점이 바로 자율분쟁조정위원회 위원장을 6년째 역임하던 때였다. 어찌 보면 20대 중반 젊을 때부터 봉사활동하던 일을 50대가 돼서야 전업으로 할 기회가 온 셈이었다.

그때 나는 무언가 작은 '인연'으로 시작했던 일에 비로소 '사명감' 같은 감정을 느꼈다. 자율분쟁조정위원회 활동도 분명히 보람 있었지만, 법률상의 제약 때문에 다양한 사건들을 처리할 수 없었고 다루는 사건 수도 많지 않았다. 반면 소비자분쟁조정위원회는 법률이 보장하는 기관이고 다루는 사건의 종류에도 제약이 없기에, 가장 빈번한 전자상거래 외에도 의료, 통신, 건축, 금융 등 다양한 분쟁을 모두 처리할 수 있는 국내 유일무이 분쟁조정위원회였다. 나아가 소비자 집단 분쟁 사건도 관여할 수 있는 유일한 기관이었다. 이런 기관의 위원장으로서 사회에 이바지할 수 있다는 것은 더할 나위 없는 기회이자 영광이었다.

하지만 그러기 위해서는 개인적으로 포기해야 할 것들이 많았다. 높은 연봉, 안정적인 직장, 그동안의 국제업무 담당 변호사로서의 경력도 일정 기간 포기해야 했고, 어쩌면 다시는 본래의 경력을 회복할 수 없을 것 같다는 불안감도 있었다. 오랫동안 함께 일하며 즐겁게 지낸 자율분쟁조정위원회를 떠난다는 것도 마음이 무거웠고, 자율분쟁조정위원회 사무국 팀원들에게도 미안한 생각이 들었다. 소비자분쟁조정위원회의 결정이란 게 양쪽 당사자들이 모두 수락하기 전까지는 법적 구속력이 없어서 검찰이나 법원처럼 엄청나게 권위 있는 기관도 아니었다. 유력 언론의 관심을 받는 자리도 아니었다. 내 주변의 사람들도 하나같이 "처음 들어보는 곳"이라는 반응이었다.

그래도 강변을 산책하면서 생각을 정리하고 기도하고 결국 나아가기로 했다. 제20대 대통령 선거 직전이라 대선 결과에 따라서 이 직위도 영향을 받을지 모르겠다는 생각이 들었으나 그 또한 감수하기로 했다. 무슨 대단한 권력을 행사하는 자리도 아닌데 아무려면 어떤가 싶었다. 그저 사랑하는 가족과 함께, 나를 믿어주는 사람들과 함께 의미 있고 가치 있는 일을 할 테니 충분하다고 생각했다. 신약성경 고린도후서 5장 7절 말씀처럼 우리는 "믿음으로 행하고 보는 것으로 행하지 않는" 존재가 아니던가?

나는 새로운 임무를 감사한 마음으로 맡기로 마음먹었다. 사법연수원 수료 후 군법무관으로 3년간 복무했었는데, 마침 소비자분쟁조정위원회 위원장 임기도 3년이라 다시 의무 군복무를 한다는 마음으로 새 직무를 시작하기로 했다. 이런 마음가짐을 주변 사람들에게도 보여주고 내 스스로도 확인하고 싶었다. 무언가를 소비하는 우리의 평범한 일상은 무엇보다 소중하고, 그 소중한 권리를 힘을 다해 지키는 일이기에 매우 중요한 임무라고 확신했다. 이렇게 3년 동안의 여정이 시작됐다.

2022년 1월 2일, 소비자분쟁조정위원장으로 취임할 당시는 아직 코로나19의 여파로 단체 회식이 제한되던 때였다. 그래서 식사 자리를 마련하기도 쉽지 않아 팀원들에게 인사를 겸해 책을 한 권씩 선물하기로 했다. 그때 선택한 책이 매슈 워커(Matthew Walker)의 《우리는 왜 잠을 자야 할까(Why We Sleep)》였다. 이런저런 이유로 분쟁 사건이 많이 쌓여 있던 상황인 데다 분위기도 좋지 않다는 이야기를 들어서 '업무'로 다가가기보다는 일 때문에 등한시하기 쉬운 '잠'이라는 주제로 팀원들과 소통하고 싶었다.

내게 이 책을 소개한 사람들이 너도나도 '인생 책'이라고 칭찬을 아끼지 않았기에 좋은 선물이 될 거라고 생각했다. 팀원들 책꽂이마다 두드러진 빨간색 책등이 내 눈에 무척 예뻐 보였다(다 읽었는지는 모르겠다).

나중에는 분쟁 당사자들과 연락을 주고받으면서 쌓인 업무 스트레스를 풀어준다는 명분으로 일명 '스트레스 볼(Stress ball)'로 불리는 고무 재질의 통통한 강아지나 고양이 모양 장난감 인형을 선물했다. 이제 팀원들 책상 빨간색 책 옆으로 앙증맞은 강아지며 고양이 인형이 나란히 놓였다. 팀원들이 상담하면서 그 인형을 손으로 누르거나 꽉 쥐는 모습을 봤다는 이야기를 들으면 나는 '스트레스 볼이 제 역할을 하는구나!' 생각하고 흐뭇해했다. 그때 나도 하나 챙겼던 양쪽 귀가 짝짝이인 고양이 모양 스트레스 볼이 지금도 책상에서 이 책을 쓰고 있는 나를 웃으며 지켜보고 있다. 혹시 우리 팀원들도 스트레스 볼을 보며 내 생각을 하려나? 그때 생각이 많이 난다.

취임 직후 위원장 특강 시간에 소비자분쟁조정위원회의 분위기를 쇄신할 슬로건이 있으면 좋을 것 같아서 문구도 만들었더랬다. 프레젠테이션 화면에 내가 어릴 때부터 가장 좋아하는 캐릭터인 찰리 브라운과 스누피가 서로 다정스럽게 안고 있는 그림을 곁들였다.

We are Friendly, Passionate and Reliable!

(친근하고, 열정적이고, 신뢰할 수 있는 우리 소비자분쟁조정위원회!)

나는 우리 위원회가 외부적으로나 내부적으로나 이와 같은 조직이 되고 또 우리 모든 팀원이 이렇게 되기를 바랐다. 친근하고, 열정적이면서도, 신뢰할 수 있는 기관, 그리고 함께하는 동료… 얼마나 멋진가. 2024년 싱가포르 금융산업분쟁해결센터(FIDReC)에 방문했을 때 이 센터도 '열정적'만 빠졌을 뿐 우리와 유사한 모토를 갖고 있어서 분쟁 조정 기관의 생각이 서로 비슷하다는 사실을 새삼 깨달았다. 그리고 성급하지만 앞당겨서 미리 말하자면, 내 퇴임식 때 자료 화면으로 이 슬로건에 찰리 브라운과 스누피 그림이 올라왔을 때 나는 하마터면 울음을 터뜨릴 뻔했다. 그랬더라면 '울보 위원장'이라고 두고두고 회자했을 것이다. 실제로 한국소비자원 원장 한 분이 퇴임식 때 우시는 바람에 지금도 '울보 원장님'으로 기억되고 있다. 나쁜 별명 같지는 않아서 나도 그때 울어야 했나 하고 약간 후회가 든다.

차례

| 프롤로그 |

돈 쓰는 게 죄가 되지 않게   006

| 제1장 |

악마는 어디에 있을까?   020
전자 상거래 분쟁

| 제2장 |

가장 중요한 것은 눈에 보이지 않는다   046
서비스 제공 분쟁

| 제3장 |

함께 울어야 해결될 문제   073
의료 분쟁

| 제4장 |

결국 소비자의 재산을 지키는 일　　095
금융 분쟁

| 제5장 |

소비자를 위한 나라는 없는가?　　127
집단 분쟁

| 제6장 |

새로운 시대의 도전 과제　　179
AI, 플랫폼, 고령화, 기후 위기 시대의 소비자 정책

| 에필로그 |

우리의 소중한 일상을 위하여　　256

제 1 장

악마는
어디에 있을까?

전자상거래 분쟁

얼떨결에 새해를 맞이하고 또한 새로운 직장을 맞이하게 됐다. 23년간의 민간 영역 생활을 떠난 공공 영역에서의 새로운 생활이 낯설고 당황스럽기까지 하다. 수익성 같은 것을 고민할 필요가 없다는 장점이 있지만, 한편으로는 공공기관의 역할을 어떻게 잘 수행할 수 있을지 고민이 된다. 적체된 많은 사건을 어떻게 해결할지 지난 1주일 동안 많은 생각과 논의를 했지만, 아직 뚜렷한 묘안은 보이지 않는다. 내가 강변을 걸으면서 상상했던 일이 현실이 됐다. 내가 어떻게 생각하고 결정하고 행동하느냐에 따라 우리나라의 소비자 피해 구제가 영향을 받게 된다. 감히 솔로몬과 같은 지혜를 달라고 간절히 기도해본다.

_2022년 1월 9일 일기

일이라는 게 멋진 구호나 스트레스 볼이나 건강한 숙면으로만 해결될 수 있다면 얼마나 좋을까? 안타깝지만 현실은 그렇지 않았다. 이런저런 사유로 적체된 사건 가운데 압도적으로 높은 비율을 차지한 것들은 전자상거래 관련 소비자 분쟁이었다. 이미 코로나19 이전부터 빠르게 확산하고 있던 전자상거래 시장은 이 시기를 거치며 더욱 급속히 성장해 우리 생활에서 빼놓을 수 없는 사회 인프라가 됐다. 상황이 이렇다 보니 관련 분쟁이 증가하는 것도 당연한 결과였다.

'전자상거래 등에서의 소비자보호에 관한 법률', 통칭 '전자상거래법'은 소비자에게 막대한 권한을 부여하고 있다. 가장 대표적인 조항은 ① 쿨링오프(cooling-off) 또는 숙려 기간을 설정해 7일 이내에 이유 여하를 불문하고 계약을 해제할 수 있는 '청약철회권'이다. 이뿐만 아니라 ② 재화 등(서비스 포함)의 내용이 표시·광고의 내용이나 계약 내용과 다르게 이행됐다면 그 재화 등을 공급받은 날로부터 3개월 이내, 해당 사실을 안 날 또는 알 수 있었던 날로부터 30일 이내에 마찬가지로 '청약철회권'을 행사할 수 있다.

이 두 가지 청약철회권의 효과는 기본적으로 동일하다. 즉, 소비자는 재화나 서비스를 반환하고 사업자는 대금을 돌려주면 된다. 그런데 결정적 차이는 ①의 경우 재화 등의 반환 비용을 소비자가 부담하고, ②의 경우에는 반환 비용을 사업자가 부담한다는 데 있다. 이때 물품 반환 비용이 적으면 조정위원들 사이에서 "그깟 몇천 원 때문에 조정위원회가 열려야 하느냐"는 한탄이 흘러나오곤 했다. 하지만 반환 비용의 많고 적음을 떠나서 '누가' 반환 비용을 부담하느냐는 '원칙'에 관한 것이므로 결코 가볍게 다뤄서는 안 되는 사안이다. 일부 변호사들이 관련 금액이 적다는 이유로 소비자 문제를 가벼이 여기는 것을 넘어 소비자 분쟁을 다루는 동료 변호사들을 우습게 보는데, 이런 문제를 제대로 해결하지 못한다면 온라인 거래 체계 자체가 무법천지가 될 것이다.

더욱이 온라인에서 물품을 대량으로 판매하는 사업자 처지에서는 가랑비에 옷 젖듯이 반환 비용 부담 누적으로 커다란 경제적 손실을 입을 수 있다. 나아가 앞으로 설명하겠지만 청약철회권 남용은 심각한 환경 부담을 초래할 수도 있다. 전자상거래법에 명시된 소비자의 청약철회권 하나에 온라인 거래의 미래와 환경의 미래가 달려 있다고 해도 지나친 말이 아닌 것이다.

그렇다면 법에 따라 잘하면 되지 무엇이 문제일까? 변호사들이 마케팅에 자주 인용하는 "악마는 디테일에 있다"는 말처럼 그렇게 쉬운 일이 아니다. 하나씩 살펴보자. 우선 '전자상거래법' 제17조 제2항에는 쿨링오프 또는 숙려 기간이라고 부르는 7일 이내에 이유 여하를 불문하고 계약을 해제할 수 있는 ①의 청약철회권 예외 규정이 있는데, 이를 해석하는 과정에서 분쟁이 적지 않다.

> 제2항: 소비자는 다음 각 호의 어느 하나에 해당하는 경우에는 통신판매업자의 의사에 반하여 제1항에 따른 청약철회 등을 할 수 없다. 다만, 통신판매업자가 제6항에 따른 조치를 하지 아니하는 경우에는 제2호부터 제5호까지의 규정에 해당하는 경우에도 청약철회 등을 할 수 있다.
>
> 1. 소비자에게 책임이 있는 사유로 재화 등이 멸실되거나 훼손된 경우. 다만, 재화 등의 내용을 확인하기 위하여 포장 등을 훼손한 경우는 제외한다.

2. 소비자의 사용 또는 일부 소비로 재화 등의 가치가 현저히 감소한 경우.

3. 시간이 지나 다시 판매하기 곤란할 정도로 재화 등의 가치가 현저히 감소한 경우.

4. 복제가 가능한 재화 등의 포장을 훼손한 경우.

5. 용역 또는 문화산업진흥 기본법 제2조 제5호의 디지털콘텐츠의 제공이 개시된 경우. 다만, 가분적 용역 또는 가분적 디지털콘텐츠로 구성된 계약의 경우에는 제공이 개시되지 아니한 부분에 대하여는 그러하지 아니하다.

6. 그 밖에 거래의 안전을 위하여 대통령령으로 정하는 경우.*

통신판매업자는 제2항 제2호부터 제5호까지의 규정에 따라 청약철회 등이 불가능한 재화 등의 경우에는 그 사실을 재화 등의 포장이나 그밖에 소비자가 쉽게 알 수 있는 곳에 명확하게 표시하거나 시험 사용 상품을 제공하는 등의 방법으로 청약철회 등의 권

---

* 전자상거래법 시행령에 따르면 이는 소비자의 주문에 따라 개별적으로 생산되는 재화 등 또는 이와 유사한 재화 등에 대해 전자상거래법상 청약 철회를 인정하면 통신판매업체에 회복할 수 없는 중대한 피해가 예상되는 경우로, 사전에 해당 거래에 대하여 별도로 그 사실을 고지하고 소비자의 서면에 의한 동의를 받은 경우를 말한다.

리 행사가 방해받지 아니하도록 조치하여야 한다. 다만, 제2항 제5호 중 디지털콘텐츠에 대하여 소비자가 청약철회 등을 할 수 없는 경우에는 청약철회 등이 불가능하다는 사실의 표시와 함께 대통령령으로 정하는 바*에 따라 시험 사용 상품을 제공하는 등의 방법으로 청약철회 등의 권리 행사가 방해받지 아니하도록 하여야 한다.

7일 이내 청약철회권 행사 대상에서 예외가 되는 사항 가운데 비교적 분쟁이 많은 부분은 사업자가 소비자 과실로 물품이 훼손됐다고 주장하는 경우, 소비자의 사용 또는 일부 소비로 물품의 가치가 현저히 감소했다고 주장하는 경우, 소비자의 주문에 따라 개별적으로 생산하는 물품이라고 주장하는 경우 등이 있다. 이는 기본적으로 사실 관계에 대한 확인과 이를 어떻게 평가하느냐의 문제이기에 판단이 쉽지 않다. 예를 들어 통신판매로 노트북을 구매해 한 번 부팅한 뒤 '마음이 바뀌어서'** 청약철회

---

* 미리 보기, 미리 듣기 등 일부 이용의 허용하거나 일정 사용 기간을 설정해 디지털콘텐츠 및 체험용 디지털콘텐츠를 제공하는 경우.
** 업계 용어로 보통 '단순 변심'이라고 표현하는데, 어느 결혼식장 화환 리본에 "30년 내 단순 변심 반환 불가"라고 쓰인 문구를 보고 나도 모르게 박장대소한 적이 있다.

를 한 경우 사업자는 위 제5호 "소비자의 사용 또는 일부 소비로 재화 등의 가치가 현저히 감소한 경우"에 해당한다고 주장하면서 환불을 거부하곤 한다. 타당한 주장일까? 어떤 제품은 포장만 뜯어도 사업자가 반품을 거부하는 경우가 많다. 예외 규정 제1호에 따르면 "다만, 재화 등의 내용을 확인하기 위하여 포장 등을 훼손한 경우는 제외한다"면서 일종의 '예외의 예외'로 규정하고 있는데, 여기에 반하는 주장이 아닐까? 사실 법 조항에 이와 같은 '예외의 예외' 조항이 많으면 '부정의 부정' 문장처럼 혼란이 초래된다. 온라인에서도 이른바 '명품'이 판매되는 경우가 많은데, 어떤 사업자는 명품 포장지도 그 자체로 수십만 원의 가치가 있기 때문에 포장을 훼손하면 전액 환불은 어렵다고 주장한다. 헷갈리지 않는가? 그저 불합리한 주장이라고만 단정할 수 있을까?

7일 이내 '단순 변심'을 이유로 청약철회를 한 사건 중에서 소비자가 자신이 좋아하는 아이돌 가수 앨범을 온라인으로 대량 구매한 후 반품해 환불을 요구하는 경우도 있었다. 조정위원회에서 알아보니 이 소비자가 앨범을 대량으로 구매한 까닭은 앨범 자체보다 해당 앨범 안에 들어 있는 팬 미팅 추첨권 때문이었다. 앨범을 많이 구매해 다수의 추첨권으로 응모하면 당첨될 확률이 높아지니까. 그렇게 해서 팬 미팅 추첨에 응모했는데도 당첨되지 못하니 추첨일 바로 다음 날(구매일로부터 7일 이내) 청약을 철회해서 환불을 요구한 것이다. 전자상거래법상 청약철회 조항을 영리하게 이용한 셈이다. 그렇지만 사업자는 해당 앨범이 추첨권과 한 세트로 묶인 제품인데 추첨일이 지났으니 "소비자의 사용 또는 일부 소비로 재화 등의 가치가 현저히 감소한 경우"에 해당하므로 환불할 수 없다고 주장했다. 누구 편을 들어야 할까?

한편으로 사업자들이 가장 많이 주장하는 부분은 이것이다. 자사 제품은 소비자 기호에 따른 맞춤형 제품이어서 청약철회 대상이 아니라는 것인데, 과연 이 경우가 법에서 규정한 소비자의 주문에 따라 개별적으로 생산되는 재화 등 또는 이와 유사한 재화 등에 대해 전자상거래법상 청약철회를 인정하는 경우, 통신판매업체에 회복할 수 없는 중대한 피해가 예상되는 경우에 해당할 수 있을까?

다음으로 ②의 청약철회, 즉 재화 등의 내용이 표시·광고의 내용이나 계약 내용과 다르게 이행됐다면 청약철회가 가능한지에 대해서도 이견이 많다. 우선 이 조항의 의미가 모든 제품의 '하자'나 서비스의 '불완전' 이행을 모두 포함하는 것이냐는 논란이 있을 수 있다. 제품 자체에 하자가 있는 경우에는 민법상 하자 조항에 의거해 하자 정도에 따라 손해배상 또는 계약해제가 가능한데, 계약해제는 "계약의 목적을 달성할 수 없는 경우에 한하여" 허용된다. 아울러 서비스의 불완전 이행의 경우에도 그 정도에 따라 손해배상이나 계약해제가 이뤄질 수 있다.

그런데 만약 이 조항이 제품의 하자나 서비스의 불완전 이행을 '모두' 포함한다는 뜻이라면 소비자는 어떤 경우든 일부 손해배상이 아닌 '청약철회(계약해제)'라는 강력한 법적 무기를 확보하게 된다. 그런 해석과 적용이 타당할까? 전자상거래에서 7일 이내 청약철회를 인정하거나 기타 폭넓은 사유에 대해 청약철회를 인정한다는 법률의 취지는 소비자가 온라인을 통해 충분한 정보를 받지 못한 상태에서 충동구매를 할 수 있기 때문이다. 그러나 내가 일본 후쿠시마의 한 대형 서점에서 구매한 일본 변호사연합회의 《소비자법 강의》를 읽어보니 오히려 전자상거래(통신판매)는 소비자가 광고를 보고 '자발적으로' 구매하는 거래라는 관점에서 방문판매 같은 서면 교부 의무, 쿨링오프 제도, 부당 권유 행위 규제가 적용되지 않는다고 설명하고 있었다. 어느 쪽이 더 타당한 생각일까? 어느 쪽이 지속 가능한 소비를 위해 더 바람직한 방향일까? 이런 고민을 할 수밖에 없었다.

이런 어려운 이론적·정책적 고민뿐 아니라 실무적으로도 어려운 상황이 자주 발생하곤 한다. 이른바 "귀신이 곡(哭)할 노릇"인 경우다. 소비자가 의류 제품을 구매해 배송받았는데 옷이 여기저기 찢어져 있거나, 목걸이를 주문해 받았는데 한쪽 줄이 끊어져 있다. 그런데 판매자는 엄격한 검수를 거쳐서 멀쩡한 제품을 보냈다고 주장한다. 심지어 소비자는 제품을 배송받은 적이 없다고 하고, 사업자는 배송이 완료됐다는 기록이 있으니 배송됐다고 하는 경우도 있다. 말 그대로 귀신이 곡할 노릇이다. 한쪽이 거짓말을 하는 것일 수도 있고, 오해가 생겨 잘못 알고 있는 것일 수도 있다.

전자상거래법 전문가라면 보통 이렇게 이야기할 것이다. 전자상거래법 제17조 제5항에 "재화 등의 훼손에 대하여 소비자의 책임이 있는지 여부, 재화 등의 구매에 관한 계약이 체결된 사실 및 그 시기, 재화 등의 공급 사실 및 그 시기 등에 관하여 다툼이 있는 경우에는 통신판매업자가 이를 증명하여야 한다"고 규정돼 있으니, 당연히 통신판매업체가 모든 사실을 입증해야 한다고 말이다. 하지만 문제는 통신판매업체가 어떤 방식으로 어느 정도 증명하면 '법률적'으로 증명했다고 인정할 수 있는 아무런 기준이 없다는 데 있다. 달리 말해 악마의 디테일이 '법률적 증명'에 있는 것이다. 그렇다고 이런 법률 조항을 근거로 무작정 사업자를 억울하게 만들어서도 안 될 것이다.

  법을 해석하거나 집행하는 사람들이 "법이 이러니 우리도 어쩔 수 없다" 식의 태도를 가지면 자신들은 밤에 편히 잠들 수 있을지 모르겠지만, 당하는 상대방은 억울함 때문에 밤잠을 설치게 된다. 일본어로 "울다가 잠든다"는 "나키네이리(泣き寝入り)"가 "억울한 일을 당해도 어쩔 수 없어 단념한다"는 뜻도 있는데, 그 심정이 오죽 답답할까?

  사업자 입장에서 멀쩡한 제품을 확실히 배송했다고 입증하는 여러 방법이 모색되고 있긴 하다. 대표적으로는 제품의 '입고—출하—배송' 내역이 담긴 내부 전산 시스템 기록을 제공하는 것이다. 하지만 여기에도 제품 자체가 문제없었다는 명시적 기록이 없는 경우가 대부분이라, 언제부턴가 제품 입고부터 주문 접수, 상품 선택, 포장, 출하, 배송 과정을 모두 동영상이나 사진으로 남기는 회사들이 늘고 있다. 그러나 공교롭게도 제대로 들여다보면 동영상이나 사진에 나오는 제품이 해당 제품인지 확인할 수 없는 사례도 많다. 더욱이 눈에 잘 띄지 않는 하자라면 동영상과 사진만으로는 멀쩡한 제품을 발송했는지 알 수 없는 경우도 적지 않다. 온라인 판매가 주류인 상황에서 이런 분쟁은 앞으로도 수없이 발생할 것이다. 회사 입장에서는 억울하다 한들 고객 이탈 방지 차원에서라도 그저 소비자의 말을 믿고 곧바로 환불 처리하는 일이 늘 것이다.

물론 큰 기업들은 이렇게 해도 버틸 만하다. 그렇지만 온라인으로 물품을 하루에 몇 개씩 판매하는 소기업이나 소상공인 처지에서는 매우 억울할 것이다. 소비자로서도 자기가 거짓말쟁이라도 된 것 같아서 화가 나거나 불쾌해지는 경우도 많을 것이다. 어떤 소비자는 물품이 하자가 있다고 신고하니 판매자가 물품을 회수하지도 않고 곧바로 환불해주면서 버리거나 그냥 사용하라고 해서 '이래도 되나?' 생각했단다. 이 문제를 어떻게 해결할 수 있을까? 법을 개정하면 될까? 정부가 고시나 지침을 제공하면 해결될까? 이 고민은 뒤에서 좀 더 이어가기로 하자.

'악마' 이야기가 나왔으니 잠깐 다른 이야기지만 한 가지 의미 있는 표현을 소개하고 싶다. 최근 전세계적으로 베스트셀러가 된 모건 하우절(Morgan Housel)의 《불변의 법칙(Same as Ever)》을 읽었는데, 덴젤 워싱턴이 윌 스미스(Will Smith)에게 했다는 조언이 있었다. 윌 스미스가 오스카상 시상식에서 크리스 록(Chris Rock)이라는 코미디언의 뺨을 때려 문제가 됐던 시기여서였을까?

"최고의 순간에 조심해야 해. 그때 악마가 너를 찾아오니까."

책을 읽을 당시에는 알 듯 모를 듯 실감이 잘 들지 않았는데, 대통령이 갑자기 비상계엄을 선포했다가 탄핵당하고 파면되는 모습을 보면서 확실히 이해하게 됐다. 악마는 어디에 있을까? '디테일'에도 있고, '증명'에도 있고, 인생의 '최정상'에도 숨어 있다.

전자상거래 분쟁에 관한 조언

나이 들어가면서, 특히 소비자분쟁조정위원장 직책을 수행하면서 '꼰대'가 되지 않으려고 부단히 노력했지만 쉬운 일이 아니었다. 집에서도 마찬가지였다. 내가 존경해 마지않는, 우리나라 '독점규제법' 권위자인 어떤 교수님이 '시장지배적 지위의 남용', 줄여서 '시지남용' 개념을, "가장인 아버지가 집에 돌아오니 방금까지 거실에 모여 서로 이야기하며 웃던 자녀들이 한 명씩 슬그머니 자기 방으로 들어가면, 그게 바로 시장지배적 지위가 남용되고 있다는 증거"라고 설명하시던 기억이 난다. 그런 아버지가 되지 않으려고 애쓰고는 있었는데, 어느 날인가 내가 아이들에게 하루 내내 했던 말을 돌이켜 생각해보니 모두가 지적질이어서 얼굴이 화끈거린 적이 있다.

로펌에서 일할 때 외국인 고객들에게 우리나라에서 자주 사용하는 사회적 용어를 어떻게 번역해 전달해야 할지 고민한 적이 있다. '갑질'이나 '꼰대' 같은 용어 말이다. 이걸 영어나 중국어로 옮겨야 할 때가 있어서 난감해하곤 했다. 그때 인터넷 검색으로 찾아본 표현 가운데 '꼰대'를 "다른 사람을 가르치려는 경향(tend to teach others)"으로 설명한 것을 봤는데, 꽤 그럴듯한 해석이라고 생각했다. 맞다. 인정한다. 내가 그런 경향이 있다. 더구나 이 책을 읽는 여러분께 도움을 드리려면 어쩔 수가 없다. 돈과 시간을 기꺼이 들여서 책을 읽는데 얻을 것이 있어야 하지 않을까? 그래서 꼰대 성향이 드러나더라도 몇 가지 조언을 제공하고자 한다. 개인 '소비자'뿐 아니라 판매자인 '사업자', 그리고 관련 소비자 정책을 마련하고 추진해야 할 '정부'에 각각 필요한 조언을 정리했다.

: 소비자를 위한 조언 :

전자상거래와 관련해 소비자에게 제안하는 **첫 번째 조언은 전자상거래는 필요한 모든 것을 해결할 마법의 지팡이가 아니라는 사실이다.** 소비자는 자신에게 필요한 제품이나 서비스를 온라인 전자상거래로 구매하는 게 좋을지 오프라인에서 구매하는 게 좋을지를 판단해야 한다. 온라인을 선택했다면 국내 구매가 좋을지 해외직구가 좋을지도 따져봐야 한다. 이런 판단에 필요한 정보를 사업자가 제공하고 있는지도 살펴야 한다. 이것이 올바른 전자상거래 이용의 기본이자 시작이다.

　나의 소비자 분쟁 조정 경험에 비춰볼 때 '신발'은 가급적이면 전자상거래로 구매하지 않는 게 좋다. 신발은 평소 자신이 신는 치수가 표기돼 있더라도 실제로는 발에 맞지 않는 경우가 많다. 제조사마다 조금씩 기준이 다르기 때문이다. 이를 문제 삼아서 청약철회를 하기 시작하면 끝이 없다. 신발만큼은 조금 귀찮더라도 오프라인 매장에 가서 직접 신어보고 사기를 권한다. 나도 신발은 가족과 바깥나들이를 할 때 매장을 찾아가 이것저것 신어본 뒤 구매한다. 그런데 어떤 소비자들은 신발을 해외 직구로 구입하기도 한다. 이때는 문제가 더 복잡해진다. 판매자가 미국, 유럽, 영국 등 외국의 치수 차이를 표기했더라도 소비자가 직관적으로 이해하기란 어려운 데다, 아무리 신중하게 골랐더라도 기다림 끝에 배송을 받아보면 너무 크거나 작아서 황당해하는 경우가 생긴다. 청약철회권을 행사해 반품하더라도 '단순 변심'에 해당하면 해외 반송 비용 때문에 배보다 배꼽이 커지기도 한다.

　또 다른 사례로 우리나라 소비자가 국내 기업 제품의 TV를 더 저렴하다는 이유로 해외 직구를 통해 구매하는 경우가 적지 않다. 하지만 정확히 이야기하면 그 TV는 국내 회사의 외국 자회사,

일테면 멕시코 법인에서 생산해 미국 법인 같은 또 다른 자회사가 판매하는 제품이다. 로고만 같을 뿐이다. 이를 국내 제품과 동일하다고 착각해 해외 직구로 구매하고는 가격 측면에서 훨씬 이득이라고 만족해한다. 문제없이 잘 쓰면 괜찮은데 하자가 있거나 고장이 나면 난감해진다. 이렇게 산 제품은 우리나라에서는 AS를 받을 수 없다. 그런데도 모기업에 수리나 보상을 요구하는 소비자가 많다. 이 TV에도 우리나라 소비자 분쟁 해결 기준이 적용될까? 그렇지 않다. 판매사인 외국 법인이 발행한 품질 보증서에 따라, 예를 들면 미국 법률의 기준에 준하는 수리나 보상을 받아야 한다. 그러나 미국 법인이 발행한 품질 보증서에는 미국 내에서 구매한 경우에만 품질 보증 혜택이 부여된다고 기재돼 있을 공산이 크다. 합리적 소비자라면 TV 등 가전제품을 해외 직구로 구매하기로 결심하기 전에 이런 점을 신중히 고려할 필요가 있다. 물론 온라인 사업자도 이 같은 사항을 소비자에게 사전에 알려서 충분한 정보를 통해 합리적 결정을 할 수 있도록 해야 할 것이다.

유통 기술이 발전하면서 온라인으로 구매할 수 있는 영역은 더욱 확대될 것이고, 최근에는 외국의 경우 심지어 안경도 온라인상에서 맞출 수 있다. 최종 결정은 소비자의 몫이지만 전자상거래로 제품을 구매할 때는 항상 거래 방식의 장단점과 유의 사항을 잘 숙지하고 판단하는 것이 현명하다.

두 번째는 판매자나 플랫폼을 맹신하지 말고 신중히 판단하라는 것이다. 전자상거래법상 단순 변심에 의한 청약철회권도 보장돼 있다고 해서 한 번에 여러 개 제품을 구매한 뒤 그중 하나만 남기고 나머지를 반품해서 환불받으려는 경우가 생기기도 하는데, 이게 생각만큼 단순하지 않다. 막상 반품하려고 하니 비용이 만만치 않을 수 있고(특히 해외 반송 비용은 상상을 초월한다), 판매자가 여러 이유를 들어 반품을 거부할 수도 있다. 분쟁을 통해 해결해서 환불을 받으려고 해도 그 과정이 녹록지 않다. 판매자나 플랫폼 관리자와 다투다 보면 마음에 상처도 받는다. 그뿐만 아니라 단순 변심으로 반품하는 물품들이 재판매되지 않으면 환경에 큰 부담을 주는 폐기물이 된다. 반품한 소비자가 폐기물 배출자가 되는 셈이다. 그러니 애초에 신중하게 결정해서 꼭 필요한 구매만 하는 것이 바람직하다.

온라인상에 기재된 구매 관련 정보도 꼼꼼히 들여다봐야 한다. 소비자가 "나는 그런 줄 모르고 샀다"고 해서 분쟁이 발생해 살피면 제품 판매 페이지에 이미 관련 설명이 있는 경우가 적지 않다. 몰랐고, 읽지 않았다고만 강변해선 곤란하다. 또 중요한 물품을 구매할 때는 온라인에 기재된 설명과 제품 소개 내용을 스크린 캡처로 보관할 필요가 있다. 나중에 분쟁이 나서 제품 페이지에 접속하면 다른 내용이 나와 있거나 온데간데없이 사라진 경우도 많다. 분쟁에 휘말리게 된 사업자가 슬그머니 수정하거나 삭제해서다. 악마는 증명에 있으므로 소비자도 악마를 이기려면 뱀처럼 지혜로울 필요가 있다.

: 사업자를 위한 조언 :

전자상거래와 관련해 사업자(통신판매업체)에게 제안하는 **첫 번째 조언은 전자상거래법상 '7일 이내 청약철회의 예외'를 주장하려고 한다면 이에 필요한 요건을 갖춰야 한다는 것이다.** 사업자가 판매하는 제품은 철저히 소비자에게 맞춘 것이기에 7일 이내 단순 변심에 의한 청약철회 대상이 아니라고 주장하려면 다음의 세 가지 요건을 모두 충족해야 한다.

첫째, 소비자의 주문에 맞춰 개별적으로 생산한 재화 또는 서비스라는 사실을 인정받아야 한다. 단순히 마케팅 측면에서 '소비자에게 맞춘 제품'과는 의미가 엄연히 다르다.

둘째, 전자상거래법상 청약철회를 인정하는 경우 통신판매업체에 회복할 수 없는 중대한 피해가 예상된다는 내용을 인정받아야 한다. 예컨대 기존에 상당한 비용 발생했거나, 제3자에게 판매가 불가능하거나, 제품 폐기에 따른 금전적 손해 등이 인정돼야 한다.

셋째, 사전에 해당 거래에 대해 일반적인 거래 약관 동의와는 별도의 동의 절차가 있어야 한다. 앞의 첫 번째와 두 번째 사실을 고지하고 소비자의 서면에 의한 동의(7일 이내 단순 변심으로 인한 청약철회가 되지 않는다는 소비자의 사전 서면 동의)를 받아야 한다.

그런데 실제로 분쟁 내용을 검토하다 보면 대부분 사업자는 자사 제품이 맞춤형이기 때문에 청약철회 대상이 아니라고 주장할 뿐, 이 세 가지 요건을 모두 갖추고 있는 경우가 드물다. 제품을 기획하고 생산하는 데 들이는 노력만큼이나 법률상 요구와 사업적 필요를 충족하는 거래 구조를 구축하고 이를 인정받으려는 노력이 필요하다.

두 번째는 온라인상에서도 소비자를 배려한다는 인상을 소비자에게 보일 필요가 있다는 것이다. 요즘은 거대 중개 플랫폼을 통한 온라인 판매가 대부분이라 판매자 각각의 친절함과 매력을 찾기가 어려운 게 사실이다. 그래서인지 소비자들이 법률상의 통신판매업자가 아닌 플랫폼(중개업자)를 판매자로 오인한다. 붕어빵처럼 똑같지 않고 플랫폼 안에서 자신들만의 개성과 배려를 드러낼 수 있도록 노력할 필요가 있다. 플랫폼 사업자도 매출만 신경 쓸 게 아니라 입점한 통신판매업자들이 저마다 독특한 매력과 친절함을 발휘할 수 있도록 시스템적인 지원을 제공하면 좋을 것이다.

일본에서 전자상거래 시장을 개척한 이야기를 담은 최한우의 《오모데나시, 접객의 비밀》에서 저자는 일본이 전자상거래를 폭넓게 보급되지 못한 이유로 일본 특유의 고객 친절 문화인 '오모데나시(おもてなし/진심 어린)'를 들고 있는데, 전자상거래에서 구현하기 어려운 미덕이라는 선입견이 시장 확대를 가로막았다고 분석했다. 그래서 저자가 일본에 설립한 전자상거래 전문 회사에서는 이런 부분을 염두에 둔 채 인터넷 쇼핑몰에 멋진 사진만 나열하지 않고 '히토케(ひとけ/사람의 온기)'를 느낄 수 있도록 일반적인 체형의 직원들이 착용 사진과 후기를 올리면서 원단 특징을 매우 자세하게 설명하자 매출이 눈에 띄게 증가했다.

굳이 이 사례를 내세우지 않더라도 소비자를 향한 배려와 친절을 보여주는 통신판매업체는 자연스럽게 눈길을 끌고 신뢰를 얻을 수 있을 것이다. 의류와 신발류 등을 온라인 판매 페이지에 소개하면서도 더 친절하게 "마음에 드는 색상을 직접 입어보고 싶으시거나 발 모양 때문에 신발 고르시기가 힘든 분은 오프라인 매장을 방문하시면 성심성의껏 안내해드리겠습니다"라든지 "가족이나 친구와 함께 매장에서 제품을 직접 고르고 구매하는 즐거움은 온라인의 편리함보다 더 소중한 경험이 될 것입니다"라고 표현하면 소비자들도 그 따뜻한 배려에 좋은 인상을 받고 제품 선택도 더 신중하게 하지 않을까? 그러면 단순 변심으로 이어질 확률도 낮아질 것이다. 모름지기 배려와 친절함을 싫어할 소비자는 없을 것이다.

최근에는 사업자, 특히 플랫폼 사업자들이 AI를 활용해 소비자에게 맞춤형 정보를 제공하는 시도가 늘고 있다. 이 경우에도 그저 소비자들이 더 많은 제품을 사도록 유도하는 게 아닌, 더 지혜로운 소비를 하게끔 독려하는 방식이면 어떨까? 가당 제품을 자주 구매하는 소비자에게 AI가 친절하게 "요즘 너무 단 음식을 많이 드시는 것 같은데요, 지나친 설탕 섭취는 건강에 해로우니 무설탕 제품을 드셔보는 게 어떨까요?" 하는 식으로 말이다. 특정 물품을 너무 많이 구매하는 소비자에게 "지난번에도 핸드백을 여러 개 구입하셨어요" 하고 상기해주는 것도 과소비를 막아주는 배려로 통할 수 있다.

로버트 치알디니(Robert Cialdini)의 《설득의 심리학(Influence)》에 등장하는 뉴욕의 어느 성공한 웨이터처럼, 무조건 고객의 말을 따르기만 하는 게 아니라 진심으로 고객을 생각하는 모습을 보이면서 오히려 좋은 방향으로 이끌면 결국 고객의 특별한 신뢰를 얻게 되고 자연스럽게 충성 고객 증가와 매출 증대로 이어질 것이다.

물론 이런 서비스를 시행하려면 개인 구매 정보 수집 및 활용 같은 복잡한 문제를 해결해야 한다. 이런 이유로 마이데이터 프로젝트에서 개인의 금융 데이터와 의료 데이터에 이어 구매 데이터 수집과 활용 방식도 사회적 이슈로 떠올랐다. 사업자로서는 개인 구매 정보를 무작정 수집해 활용하겠다는 발상보다 조금씩 신뢰를 쌓는 게 현명하다. 우리가 안심하고 돈을 은행에 맡기듯이, 우리의 구매 데이터도 믿음직한 업체라면 흔쾌히 공유할 수 있을 것이다.

섣불리 이른바 '다크 패턴(dark pattern)' 인터페이스를 이용해 교묘하게 소비자를 속이면 결국에는 신뢰를 잃게 되고 해당 플랫폼이나 통신판매업체는 시장에서 축출될 것이다. 중국 사람들이 건배사로 "펑요우(朋友)! 시옹띠(兄弟)! 티엔샤(天下)!"를 외치곤 하는데, 전자상거래 비즈니스에서도 그대로 통한다고 생각한다. 먼저 친구가 되고, 그렇게 형제가 되고, 마침내 천하를 아우르는 것이다.

: 정부를 위한 조언 :

전자상거래와 관련해 정부에 제안하는 **첫 번째 조언은 현 전자상거래법의 개정 필요성이다.** 변화하는 현실에 걸맞도록 세심하게 수정하고 보완해야 한다. 전자상거래라는 규율 대상은 점토를 구워 만든 접시를 하나씩 쏘아 올려 산탄총으로 맞힌 뒤 깨뜨린 접시의 수로 승부를 겨루는 클레이 사격과 유사하다. 움직이는 과녁인 접시처럼 계속해서 변화하기 때문이다. 그래서 무턱대고 규제만 하려고 들면 목표물은 맞히지 못한 채 엉뚱한 결과를 낳게 될 우려가 있다. 그렇기에 우선 전자상거래를 포함한 온라인 거래 시스템의 전반적인 실태와 향후 전개 방향에 대한 깊이 있는 조사와 연구가 필요하다. 이를 바탕으로 원칙과 목표를 세운 다음 전자상거래 시장 발전에 유익한지 공론화해서 검토해야 한다.

내가 생각하는 전자상거래 소비자 보호 원칙은 온라인 플랫폼을 중심으로 하는 안정되고 공정한 거래 시스템 구축, 소비자 대상의 다양한 온라인 서비스 제공, 더 적극적인 소비자 보호, 소비자의 합리적 선택권 보장, 소비자 인격권 침해 및 부당 차별 금지 등이다. 당연히 이런 요소들도 충분히 조사·연구하고 공론화 과정을 거쳐야 할 것이다. 분쟁이 계속되는 만큼 정부 차원에서 능동적으로 전자상거래법 개정 방향을 논의하고 각각의 이해관계자들과 허심탄회하게 대화를 나눌 필요가 있다.

두 번째는 전자상거래에 대한 규제 강화와 불필요한 규제 완화를 동시에 진행해야 한다는 점이다. 전자상거래에서 플랫폼의 영향력이 급속도로 강화하고 있으므로 플랫폼 사업자에 더 강력한 책임을 묻고, 다크 패턴 같은 눈속임 상술을 엄격히 규제해야 한다. 나아가 'C-커머스(C-Commerce/China E-commerce)'로 불리는 중국 거대 자본 플랫폼의 국내 진출에 대응해 감독과 규제를 강화하는 정책도 필요하다. 여기에서 국내 플랫폼이나 통신판매업체가 우려하는 부분은 규제 강화가 자칫 겉으로는 국내 및 외국 기업에 동일하게 적용되는 듯 보이나, 결과적으로는 국내 업체에만 엄격히 집행되고 외국 기업에는 실질적인 집행력 부족으로 형식에 그치리라는 데 있다. 해외 소재 플랫폼에서 제품을 판매하는 중국 전자상거래 기업에 우리 정부가 어떤 조치를 직접 취할 수 있을까? 충분히 일리 있는 주장이다. 그렇더라도 아무런 대책도 취하지 않는 것은 적절치 못하다. 규제할 것은 확실히 규제하고 필요 없는 규제는 과감히 완화해야 한다.

예를 들면 외국 전자상거래 회사가 국내 소비자를 대상으로 물품을 판매한다면 비록 우리나라에 본점이 없더라도 현지 법인이나 지점 또는 연락사무소를 설치하도록 하는 동시에 국내 인력이나 IT 설비를 활용하지 않아도 통신판매업 등록을 쉽게 할 수 있도록 하는 방안을 고려할 수 있다. 국내 한 지자체가 외국 통신판매업자에게 공문을 보내려고 통신판매업 등록 주소로 나온 회사를 방문하니 실체는 없고 하나의 주소에 수십 개에서 수백 개 회사를 등록했음을 알게 됐다. 이런 일이 왜 생길까? 우리나라 법률은 물리적 사무실이 없는 '페이퍼 컴퍼니(paper company)' 형태의 법인이나 지점 또는 연락사무소를 허용하지 않기 때문에 하는 수 없이 편법을 쓰는 것이다. 홍콩의 경우 실제 사무소가 없어도 관리 대행사를 통해 외국 회사가 현지 법인을 설립하고 운영할 수 있다. 그렇다고 홍콩 정부가 물렁물렁한 것도 아니다. 대행사를 엄격히 규제하고 외국 회사도 대행사를 통해 필요한 모든 법률을 지킨다.

우리나라도 외국 통신판매업체를 이런 식으로 관리할 필요가 있다. 외국 기업의 국내 등록과 관리를 담당하는 대행사들이 생겨나서 새로운 비즈니스 기회도 될 수 있다. 중앙 및 지방 정부도 필요한 통지와 소통을 쉽게 할 수 있고, 국내 소비자도 외국 회사에 한결 수월하게 문의를 주고받을 수 있다. 행동경제학의 주장처럼 때로는 엄격한 규제보다 이렇게 옆구리를 슬쩍 찌르는 '넛지(nudge)' 방식의 자연스러운 유도가 효과적이다. 장기적으로 봐도 전자상거래법상의 규제, 특히 새롭고 창의적인 비즈니스 모델을 구축하는 데 걸림돌이 되는 규제를 폐지하거나 완화함으로써 더 엄중하고 융통성 있게 적용할 수 있다. 불법은 무섭게 통제하고 기회는 확실히 열어주는 정책이 절실히 요구되는 시점이다.

제 2 장

가장 중요한 것은
눈에 보이지 않는다

서비스 제공 분쟁

러시아가 우크라이나를 침공하는 사건이 결국 발생했다. 이 사건의 가장 큰 피해자는 당연히 우크라이나 국민이지만, 러시아 국민도 자신의 지도자가 행하는 것을 바라만 봐야 하는 무력감을 느낄 것이다. 국제금융결제망(SWIFT)과 항공 라인 취소로 인한 생활상의 불편도 있겠지만, 마음에 남는 상처가 더 클 것이다. 이나모리 가즈오(稲盛和夫)가 쓴 《왜 리더인가(心.)》를 읽고 많은 생각을 했다. 결국 리더의 마음가짐이 조직을 살리기도 하고 망치기도 한다. 그가 80세에 일본항공(JAL) 회장을 맡고 임직원들의 '마음'을 움직이려고 노력한 결과는 놀라운 변화로 나타났다. 근본을 그대로 두고 겉으로 드러난 것만을 변화시키는 게 오히려 어려우며, 근본인 마음을 움직이면 나머지는 저절로 변화해서 오히려 쉽다는 이야기도 가슴에 와닿았다.

_2022년 3월 1일 일기

생텍쥐페리(Antoine de Saint Exupery)의 《어린 왕자(Le Petit Prince)》에서 여우가 한 말처럼 "가장 중요한 것은 눈에 보이지 않는다(Le plus important est invisible)." 평생을 서비스업에 종사한 나를 가장 불쾌하게 만든 경험은 식당에서 '서비스'가 '무료'와 동일시된다는 것이다. 친절한 식당 종업원이 "서비스입니다" 하고 우리가 주문하지 않은 음식을 가져다주면 고마운 마음과 동시에 기분이 언짢아지곤 했다. 팀원들이 사건 보고서나 조정 결정문 초안에 "피신청인이 추가로 1개월간의 헬스장 이용을 서비스로 해주기로 했다" 식으로 기재하면 나는 굳이 "무료 서비스"라고 수정해서 '서비스=무료'가 아님을 확실히 했다. 그런데 일본을 방문할 때 식당에 가면 여기에서도 "사비스데스(サービスです)"라면서 음식을 무료로 주는 것이다. 성급한 일반화일 테지만 우리나

라 식당에서 '서비스'를 '무료'와 동일시하는 것은 아무래도 일제 강점기의 잔재 같다.

하지만 언제부턴가 '서비스' 앞에 '유료'가 붙더니 이제는 그냥 '서비스'라고 해도 유료임을 알 만큼 우리나라도 '유료 서비스'의 천국으로 바뀌었다. 온라인을 통해 오프라인 서비스를 판매하는 'O2O(Online to Offline)' 모델이 활성화하면서 배달 음식은 물론 여행, 숙박, 이사, 교육은 물론 청소, 가사, 간병, 반려동물 돌봄, 결혼식 하객 등 거의 모든 영역에서 다양한 유료 서비스가 제공되고 있다. 서비스 제공 분야가 늘다 보니 당연히 이와 관련한 분쟁도 증가했다. 그러나 제품과 달리 서비스는 가시적으로 품질이나 완성도를 객관적으로 판단하기 쉽지 않기 때문에 분쟁 조정도 더 어렵다. 더욱이 다양한 환경과 갖가지 변수가 작용하기에 자칫하면 단순히 채무 불완전 이행을 넘어 생각지도 못한 큰 손해가 발생하기도 한다.

어떤 소비자가 온라인으로 청소 서비스를 주문했다고 해보자. 청소 서비스 회사는 나름대로 자사가 제공하는 청소의 품질 기준에 대해 온라인상에 자세히 설명하고 관련 사진도 올려놓았다. 그런데 막상 청소가 끝나고 보니 소비자 눈에는 여기저기 제대로 마무리되지 않는 곳이 많다. 특히 욕실 배수구에 머리카락

이 남은 것과 창틀이나 싱크대 위쪽에 먼지가 남아 있는 게 주로 문제가 된다. 이런 부분이 청소가 제대로 되지 않았음을 입증하는 유력한 증거로 쓰인다. 회사는 청소팀을 보내긴 했어도 개별 현장을 전부 모니터링할 수는 없어서 뭐라고 변명하기도 힘들다. 어떤 고객은 심지어 청소가 끝난 후에 보니 거실 테이블 다리가 흔들리고 TV도 예전보다 잘 안 나오는 것 같단다. 그러고는 청소 대금 전액은 물론 몇십만 원의 추가 손해배상을 청구한다.

 사업자 입장에서는 인건비 제하고 나면 몇만 원 남는데 몇십만 원을 물어달라고 하니 당황스럽기도 하고 억울하기도 해서 소비자를 대하는 태도가 거칠어진다. 이런 태도에 더 화가 난 소비자가 온라인 게시판에 업체 실명을 거론하며 비난 글을 올리니 참다 못한 사업자는 소비자를 명예훼손과 업무방해로 고소한다. 서비스 제공 관련 소비자 분쟁이 이렇게 흘러간다면 도대체 어떻게 해결할 수 있을까?

 이 같은 분쟁에 관해 우리나라 소비자분쟁해결기준이 제시하고 있는 해결 기준은 매우 간략하다. 인력, 첨단장비, 사후 서비스 분야에서 광고와 서비스 내용이 다른 경우에는 계약해제 및 전체 이용료 중 30%를 배상하고, 서비스 이행 중에 가전제품, 가구, 생활용품 등을 파손 또는 훼손한 경우에는 손해를 배상해야 한다는 게 끝이다. 광고와 서비스 내용이 어느 정도 달라야 계약해제까지 가능한지, 어떤 손해를 어떻게 입증하고 어떤 식으로 배상할지는 여전히 양쪽 당사자들과 분쟁 해결 기관의 몫으로 남아 있다.

우리 일상에서 가장 분쟁이 많을 것 같은 서비스는 무엇일까? 내 경험에 비춰보면 '미용' 서비스다. 나도 이사를 해서 사는 지역이 바뀌면 '마음(정확히는 내 마음이 아니라 아내의 마음)'에 드는 미용실을 찾아내고자 이곳저곳 다녔는데, 미용실에 가보면 나처럼 헤매고 다니는 동네 유부남들이 적지 않은 걸 보고 속으로 키득키득 웃곤 했다. 별일 아닌 것 같지만 이사한 동네에서 마음에 드는 미용실을 발견한다는 건 마음에 맞는 교회를 찾는 것처럼 피곤하면서도 중요한 일이다.

네일(손발톱)이나 피부 관리도 미용 서비스로 분쟁이 많은 분야다. 한 가지 흥미로운 사실은 헤어, 네일, 피부 관리 같은 미용 서비스 분야가 분쟁이 많이 발생하긴 하지만 생각보다 해결도 잘 이뤄진다는 것이다. 아무래도 업종 특성상 영업을 계속하려면 입소문이 중요한 데다 기본적으로 동네 장사이기 때문에 이웃과의 관계를 나쁘게 가져가기 어려워서 그런 것 같다.

헤어진 연인과 다시 만날 수 있도록 돕는 온라인 서비스도 있다. 재회 상담, 재회 컨설팅, 재회 서비스 등으로 불린다. 순수했던 시절 연인으로부터 일방적으로 헤어짐을 통보받고 심장이 터질 듯한 아픔을 느꼈던 경험이 있는 사람이라면 '이런 서비스가 생길 만도 하겠네' 하고 이해가 될 것이다. 끝내 잊지 못하고 있던 옛사랑과 다시 만나고 싶어서 지푸라기라도 잡는 심정으로 거금 몇백만 원을 내고 온라인으로 하루 이틀 조언을 받았다. 그런데 사흘째 되던 날 기적적으로 헤어진 연인과 만나 다시 사귀게 됐다. 이런 기쁜 일이 또 어디에 있을까? 그 순간 문득 '고작 두 번 카톡으로 상담받은 것뿐인데 몇백을 냈다니' 하는 생각에 억울함이 밀려든다. 전문 상담가라던 사람이 해준 조언도 왠지 인터넷에 떠도는 좋은 글을 복사해서 보낸 것 같다.

  소비자는 결국 서비스 회사에 환불을 요구한다. 전액을 환불해달라는 경우도 있다. 이런 상황은 어떻게 해결해야 할까? 그런 서비스를 무슨 몇백만 원이나 들여서 받느냐고 생각할 사람도 있을 것이다. 그렇지만 실제로 있고 많이 받는 서비스다. 학업과 취업에 찌든 청년들이 어떻게든 시간과 용기를 내서 연애도 하고 헤어지기도 하고 또다시 만나는 것을 도와주고 싶다는 생각도 든다. 농담이지만, 변호사까지 나서서 이런 서비스에 뛰어들겠다고 하면 업종 침해라고 비난받을까?

만남이나 연애와 관련해 가장 전통적인 서비스는 주로 '결정사'라고 줄여 부르는 '결혼 정보 회사'다. 사회생활의 치열한 경쟁과 바쁜 일상에서 자연스러운 만남을 통해 결혼 상대를 찾기란 쉽지 않다. 또 과거처럼 집안 어른들의 '중매(仲媒)'로 소개받는 것도 어려운 현실이다. 이렇게 세상이 변했으니 방대한 회원 데이터베이스와 전문 상담 인력을 보유한 결혼 정보 회사의 서비스를 이용하는 게 전혀 이상한 일은 아니다.

하지만 단순히 이성 친구를 사귀거나 연애만 하는 게 아니라 '결혼'이라는 법률적·제도적 구속력이 매우 강한 일종의 '계약'을 하는 것인 만큼 배우자에 대한 요구와 기대치가 너무 커서 분쟁이 발생하기도 쉽다. '돈 많은 집안' 사람을 소개해주기로 결혼 정보 회사와 이야기가 됐다고 해보자. 그런데 막상 소개받은 사람 집안 재산이 알고 봤더니 50억이다. 수백억은 돼야 한다고 생각했는데 말이다. 결혼 정보 회사가 약속을 어긴 걸까? 또는 '기독교 집안' 사람을 소개받기로 했는데 나중에 보니 그냥 가족들 따라서 억지로 교회에 몸만 왔다 갔다 하는 사람이었다. 신앙심 깊은 사람을 원했는데 말이다. 이 경우에도 결혼 정보 회사가 약속을 어긴 걸까? 고객은 회사가 약속을 어겼다고 주장한다. 이 경우 결혼 정보 회사에 전액 또는 대부분 금액을 환불해달라고 요구할 수 있을까?

더 복잡한 상황도 있다. 특정 정치 성향을 배제하는 것이 가능할까? 언젠가 어느 대학 로스쿨(법학전문대학원) 학생들과 만난 자리에서 결혼 정보 회사에 특정 정치 성향의 사람을 배제해달라고 요구하는 게 타당한지 물은 적이 있다. 절반 정도는 정치 성향도 종교처럼 함께 사는 데 중요한 사항이니 당연히 요구할 수 있다고 대답했고, 나머지 절반은 정치 성향이란 게 너무나 주관적이고 수시로 바뀔 수도 있는 것이라서 합당한 요구가 아니라고 답했다. 당시 나는 자칫하면 지역 차별로까지 이어질 수 있는 문제라고 설명했었다.

이 문제와 관련한 소비자분쟁해결기준도 간략하긴 마찬가지다. 결혼 정보 회사의 귀책 사유로 사업자가 명백하게 객관적으로 판별할 수 있는 사항에 국한한다고만 규정돼 있다. 과거 결혼 이력 여부, 직업, 학력, 병력(病歷) 등에 관한 정보를 소비자에게 허위로 제공, 3개월 내 1회도 만남을 주선하지 않은 관리 소홀, 계약서상 기재한 종교나 직업 등 객관적이라고 판단할 만한 우선 희망 조건에 부적합한 상대를 소개한 경우 정도만 예시로 들고 있다.

비교적 높은 비용이 책정된 오프라인 서비스로 제공되던 전통적인 결혼 정보 서비스도 이제는 더 저렴한 가격으로 진입 장벽을 낮춘 온라인 서비스로 진화하고 있다. 우리나라와 마찬가지로 저출생 고령화 문제가 심각한 일본에서도 온라인 결혼 중개 서비스에 관심이 많다. 하지만 몇몇 언론 보도에 따르면 온라인으로 가격을 낮춰 더 많은 사람들에게 만남의 기회를 제공하더라도 결국 훨씬 유리한 조건을 갖춘 사람들에게나 좋을 뿐이란다. 혼인율과 출생률 증가에 큰 도움이 되진 못하는 것이다. 외모, 성격, 학력, 자산, 직업, 집안 모든 면에서 모자람이 없는 '육각형 인간'을 추구하는 사회 분위기가 안타깝다. 모두가 완벽할 수는 없다. 성실하고 건강한 청년들이 좋은 배우자를 찾아 가정을 꾸릴 수 있도록 도울 방법은 없을까? 이래저래 말도 많고 탈도 많은 결혼 중개 서비스 분쟁을 조정하면서 매번 이런 생각이 들었다.

　서비스 제공 분쟁에서 빠지지 않는 게 또 있다. 헬스장(피트니스 센터) 이용료나 PT(Personal Training/개인 지도) 비용을 두고 해마다 발생하는 분쟁이다. 분쟁이 발생하는 주된 원인은 장기 계약이다. 소비자가 장기 회원권이나 여러 횟수의 PT 계약을 미리 체결했는데 개인 사정으로 헬스장 이용을 중도에 그만두는 경우 남은 금액을 어디까지 환불받을 수 있는지가 분쟁의 핵심이다. 관련 법규와 소비자 분쟁 해결 기준에 따른 현행 실무는 전체 계약 금액에서 '경과 기간(헬스장 이용 계약의 경우)' 또는 '실시 횟수(PT의 경우)'에 해당하는 금액에 계약 금액의 10%를 위약금으로 공제한 후 환불하는 것이다.

그러나 말처럼 그리 간단하지 않다. 바로 '할인' 때문이다. 헬스장 사업자 대부분은 경과 기간과 실시 횟수를 소비자가 지불한 '할인가'가 아닌 '정상가'로 계산해야 한다고 주장한다. 약관에도 그렇게 명시했단다. 논리는 이렇다. 장기 이용을 조건으로 할인 혜택을 제공해 헬스장 또는 PT 이용료를 책정했으므로, 고객 개인 사정으로 중도에 해지한다면 이 전제를 충족하지 못하기에 할인가가 아닌 본래의 정상가로 산정해야 한다는 것이다. 아울러 정상가로 환불 금액을 계산하지 않으면 같은 기간이나 횟수를 정상가로 계약한 소비자와 형평성 측면에서 맞지 않는다고도 강변한다.

예를 들어보자. 소비자 A가 10회분을 미리 지불한다는 조건으로 1회당 3만 원 할인받아 PT 이용료를 70만 원에 계약했다. 헬스장에서 원래 책정한 PT 이용료, 즉 정상가는 1회당 10만 원이다. A가 10회 중 5회만 PT를 받은 뒤 중도에 계약을 해지할 경우 소비자 분쟁 해결 기준에 따른 나머지 5회분에 대한 환불금은 다음과 같다(7만 원은 위약금 10%다).

$$[700{,}000 - (700{,}000 \times 5/10)] - 70{,}000 = 280{,}000원$$

그런데 이 계산대로라면 A는 5회분의 PT를 42만 원에 받는 셈이 돼서 정상가로 5회 PT를 받는 소비자가 지불할 금액인 50만 원보다 8만 원 더 싼 가격에 이용한 게 된다. 헬스장 사업자의 환불금 계산은 다음과 같다.

$$[700{,}000 - (1{,}000{,}000 \times 5/10)] - 70{,}000 = 130{,}000원$$

실제로 관련 사건에서 공정거래위원회는 환불금 계산 시 정상가를 적용하는 약관이 불공정하지 않다는 결정을 내렸다. 한 일간지는 다음과 같이 보도했다.

> 계약을 '할인가'로 한 뒤 환불 때는 이용한 몫을 '정상가'로 계산한 서울 주요 헬스장들의 약관이 "불공정한 것은 아니다"란 공정거래위원회의 결론이 나왔다. 30일 공정위와 관련 업체 등에 따르면, 공정위는 최근 서울 YMCA가 제기한 서울 내 대형 헬스장 7곳에 대한 약관 심사 청구를 검토한 결과, 지난 달 이런 내용의 판단을 내놨다. 문제 된 조항은 헬스장에서 이벤트 할인가로 이용권을 등

록한 후 개인 사정으로 계약 해지와 환불을 요청하는 경우와 관련된다. 상당수 헬스장은 환불 시에는 할인 가격이 아니라, 정상가로 이용권을 사용한 것으로 계산해 공제(전체 몫에서 일정 금액을 빼는 것)하기 때문에 "환급해 줄 돈은 없다"는 식으로 대응하는 사례가 있던 것으로 나타났다. 헬스장 계약서 역시 이런 사항을 규정하고 있었다.

해당 문제를 제기한 서울 YMCA 측은 '할인가보다 훨씬 높은 금액의 정상가를 기준으로 이용료를 산정하도록 규정'하는 등의 조항이 약관법 위반이라고 주장했다. 하지만 공정위는 이 사안에 대해서는 "불공정하다고 보기 어렵다"고 결론 내렸다. 공정위는 "환불 시 '할인가'를 기준으로 한 공제가 반드시 바람직하다고만은 볼 수 없다"며 "할인가 기준 공제만 인정할 경우, 일정 기간을 이용한 뒤 계약을 해지한 '장기 회원'이 동일한 기간을 이용한 '단기 회원'에 비해 더 적은 이용 요금을 부담하는 경우가 발생할 수 있다. 오히려 소비자 간 형평성을 저해할 수 있다"고 했다. 예를 들어 월 10만 원이 정상가인 헬스장이 1년(12개월) 장기 계약 시 50%의 할인 혜택을 제공하고, 고객이 두 달만 이용한다고 가정해보자. 정상가로 두 달 치만 결제하면 20만 원을 부담하는데, 1년 장기 계약 후 두 달만 이용한 뒤 해지한 고객은 16만 원(위약금 10%+2개월 이용

대금)만 부담하게 된다. 이렇게 되면 장기 계약한 뒤 중도해지하는 편이 더 유리하지 않겠느냐는 것이다. 공정위는 나아가 이것이 장기 계약을 유도하는 부작용을 낳는다고도 봤다. 공정위 관계자는 "최근 사회적 문제로 대두되는 '장기 고객 결제 유인 후 사업자의 폐업·도주 등의 사건'들을 고려한다면 바람직한 시장 질서를 저해할 우려가 있다"고 설명했다.

_〈조선일보〉 2024년 10월 30일 기사

나는 공정거래위원회의 이 판단이 일리가 있다고 생각한다. 일부 지방법원에서도 이와 유사한 취지로 판결한 사례가 있다. 다만 이렇게 판단하려면 몇 가지 조건을 충족해야 한다.

첫째, 헬스장 사업자가 주장하는 '정상가'가 '실제로' 적용되고 있는지 조사가 필요하다. 앞서 예로 든 PT 계약 건에서는 과연 실제로 PT 1회당 10만 원에 이용하는 서비스 품목이 있는지, 그리고 실제로 이렇게 지불하고 있는 소비자가 있는지 조사할 필요가 있다.

둘째, 헬스장 사업자가 주장하는 '정상가'가 '합리적'인 금액인지도 판단해야 한다. 만약 실제 지급한 금액 기준으로 계산한 단위 금액과 정상가 사이의 차이가 너무 크다면 이렇게 책정한 정상가를 무조건 인정하기란 어려울 것이다. 위 두 가지 조건 중에 어느 하나라도 충족하지 못하면 헬스장 사업자가 주장하는 정상가란 사실 변칙적인 방법으로 증액한 위약금이라고 의심할 수밖에 없다.

중도해지 시 환불금 산정과 관련된 분쟁 말고도 헬스장 및 PT 서비스 이용 분쟁과 관련해 계약 기간 중 휴회를 인정할지 여부, 운동하다가 소비자가 다쳤을 때의 책임 문제, 담당 PT 트레이너 퇴사 시 계약 해지 가능 여부 등이 문제가 된다. 나아가 헬스장 사업자가 바뀌는 경우 새로운 사업자가 기존 계약을 승계했을 때 중도해지 시 이용료 환불 책임을 져야 하는지도 자주 문제가 된다. 헬스장 사업자가 다수 회원들에게 이용료를 미리 받은 뒤 갑자기 폐업해버리는 이른바 '먹튀' 문제도 빈번하게 일어난다.

이런저런 위험 요소를 생각하노라면 헬스장 운동이든 PT든 다 귀찮고 그냥 동네에서 산책이나 하자는 생각이 들 수도 있다(실제로 나는 그렇게 하고 있다). 하지만 굳이 걱정할 필요는 없다. 예상되는 문제점을 잘 고려하면서 헬스장 측과 합리적으로 계약을 체결하면 된다. 일단은 지나치게 긴 장기 계약을 체결하거나 선급금을 너무 많이 지급하는 것은 피하는 게 바람직하다. 계약 체결 전 내용을 잘 살피고 작성한 계약서는 보관해야 한다. PT, 필라테스, 요가 등의 경우 상호 합의로 일정 기간 서비스를 중지하거나 일정 변경 또는 연기를 하는 과정이 담긴 카톡 등의 메시지 기록을 보관하는 것도 필요하다.

서비스 제공 분쟁에 관한 조언

한 국가의 경제 규모와 수준이 발전함에 따라 제조업 기반에서 서비스업으로의 이동은 불가피한 변화라고 할 수 있다. 미국, 유럽, 일본 등 선진국들도 그랬고 중국과 우리나라도 같은 길을 걷고 있다. 그렇다고 해서 이런 변화가 반드시 긍정적인 것만은 아니며, 소비와 경제 측면에서 예전에는 경험하지 못한 큰 파장을 겪을 수도 있다.

2024년 일본 홋카이도대학교 대학원 경제학연구원 미츠조노 이사무(滿薗勇)가 쓴 《소비자와 일본경제의 역사(消費者と日本経済の歷史)》를 흥미롭게 읽었는데, 일본 경제가 제조업 중심에서 서비스업 중심으로 바뀌면서 '서비스업의 딜레마'에 빠져 경제 전반과 기업 사회가 어려움을 겪는 과정을 알기 쉽게 설명하고 있었다. 모름지기 서비스란 아무리 수준을 높여도 고객들이 금

세 익숙해지기 때문에 계속해서 수준 향상에 매달려야 하는 고달픈 업종이다. 이 책에 따르면 일본은 1960년대 고도 성장기 때만 하더라도 '소비자'라는 용어를 자주 사용하다가, 1970년대 오일 쇼크를 겪고 난 안정 성장기 때는 '생활자'라는 용어를 더 많이 썼다.

이후 장기 경제 침체기에 시장 개방과 규제 완화가 진행되고 소비자 이익이 주목받으면서 기업들은 '고객'이라는 표현을 선호했다. 이 시기부터 일본에서는 저출생 고령화가 급속히 진행됐고, 사회를 중산층이 다수인 중류 사회가 아닌 격차 사회로 보는 인식이 확산했다. 2010년대 이후에는 '카스하라(カスハラ/고객 갑질)'가 심각한 사회 문제로 대두했다.

현재 우리나라도 경기 불황이 계속되는 가운데 서비스업에 종사하는 감정 노동자들의 어려움이 부각했고 이른바 블랙 컨슈머(Black Consumer/이하 '문제행동 소비자')가 사회적으로 지탄받는 모습을 보면 일본의 전철을 밟는 것 같아 씁쓸하다. 서비스업 중심 사회에 걸맞게 소비자, 사업자, 정부의 행동도 더욱 지혜로워져야 할 것이다.

: 소비자를 위한 조언 :

서비스 제공 거래와 관련해 소비자에게 제안하는 **첫 번째 조언은 기대치를 조금 낮추라는 것이다.** 일례로 집 청소를 서비스 회사에 맡길 때 너무 큰 기대는 하지 않는 게 좋다. 아무리 열심히 청소해도 완벽하게 새집처럼 되지는 않는다. 연로하신 부모님 돌봄을 간병인에게 맡겨도 자식 마음 같지는 않을 것이다. 본래 남을 위한 서비스란 그렇게 힘든 것이다. 중국 청나라 시대 학자 적호(翟灝)는 《통속편(通俗編)》에서 "남에게 구하기보다 먼저 자신에게 구하라(求人不如求己/구인불여구기)"고 했는데, 지금도 중국에서 "남에게 부탁하느니 내가 직접 하는 게 낫다"는 의미로 자주 쓰이는 표현이다. 남은 내가 아니다. 그래서 남이 해주는 일은 불만족스러울 수밖에 없다. 오히려 이들의 어려움을 이해하고 친절히 대한다면 조금이나마 더 열심히 일해줄 것이다.

이사를 하고 보니 피아노에 약간 긁힌 부분이 있다는 사실을 뒤늦게 발견한 적이 있다. 까맣게 매직으로 칠해놓아서 처음엔 몰랐었다. 아마도 이삿짐을 옮긴 직원(외국인 노동자)이 당황해서 피아노 색깔과 비슷하게 대강 눈가림한 것 같았다. 전화해서 배상하라고 항의할까 싶었으나, 그래도 열심히 일해준 게 고맙기도 하고 타국에 건너와 일하는 상황이 헤아려져 그냥 넘어가기로 했다.

 비록 돈을 주고 부탁하는 서비스라도 늘 감사하는 마음을 가지면 좋겠다. 물건을 파는 것과 달리 서비스를 판다는 것은 자기 자신을 파는 일이다. 자신의 노동, 시간, 노력, 정성을 파는 것이다. 대형 로펌에서 변호사로 일할 때 매일 매일 그날 한 일을 시간별로 작성해 제출했다. 그러면 그 '타임 시트(time sheet)'에 적힌 시간에 따라서 고객에게 대금을 청구했다. 이른바 '타임 차지(time charge)'였다. 그때마다 나는 시간이 내 생명이라는 생각이 들었다. 내 귀중한 생명을 돈으로 바꾸고 있다는 느낌에 찜찜했다.

 초임 변호사 시절 사무실에서 밤을 새워 영문 계약서를 완성해 새벽에 고객사에 보내고, 집에 들어가 대충 샤워만 한 뒤 그야말로 잠깐 눈을 붙였다가 아침에 다시 사무실로 출근했다. 그리고 계약서를 보낸 고객사 회의에 참석하려고 사무실 건물 밖으로 나오니 웬 고급 승용차 앞에 기사가 대기하고 있었다. 고객사 사장님이 밤새워 일한 어린 변호사를 위해 보내준 것이었다. 지금 생각해도 얼마나 고맙고 기뻤는지 모른다. 그런 고객을 위해서라면 며칠 밤이라도 샐 수 있을 것 같았다. 인간에게는 '멘털 어카운트(mental account/심리적 계좌)'라는 별도의 감정 창구가 있다. 누군가 이 계좌를 채워주면 그 사람을 위해 무엇이든 해주고 싶은 마음이 더욱 커진다. 일테면 배우에게 출연료를 더 많이 주는 것보다 해외 로케이션 촬영을 할 때 일등석 항공권을 마련해주고 현지 5성급 호텔 숙소를 잡아주거나, 국제 영화제 같은 행사에서 좋은 자리에 앉도록 배려해주는 게 더 효과적일 수 있다. 서비스에 정당한 대가를 지불하는 것도 중요하지만, 그와 별개로 서비스를 제공한 상대에 대한 존중과 배려도 필요하다.

두 번째는 사전에 꼼꼼히 살핀 뒤 계약해야 한다는 것이다. 유형이 정해진 물품을 구매할 때는 계약의 목적이 명확하다. 다른 게 될 수가 없다. 하지만 서비스의 경우에는 다르다. 청소 서비스만 하더라도 언제, 어디에서, 어떤 인력이, 어떤 종류의 청소를, 어떤 방식으로 할지에 따라 각각 다른 서비스가 된다. 그렇기에 불필요한 분쟁을 피하려면 사전에 서비스와 관련한 모든 구체적 합의를 해놓을 필요가 있다. 앞서 살펴본 결혼 중개 서비스도 소비자 관점에서 요구 사항을 구체적이고 현실적으로 계약서에 명시하지 않으면 나중에 문제가 생겼을 때 주장하기가 어렵다. 실제로 많은 소비자가 결혼 정보 회사 커플 매니저와 구두로만 합의한 내용을 갖고 계약 위반을 주장하곤 하는데, 증명이 어려워서 인정되지 않는 경우가 허다하다. 중국에서 계약 협상을 할 때 "먼저 소인이 되고 나중에 군자가 됩시다(先小人後君子/선소인후군자)"라는 말을 하곤 했다. 중국 사람들은 다 이해하는 말이다. 소인배처럼 하나하나 계약서 내용을 꼼꼼히 챙겨야만 비로소 군자처럼 서로 편안하게 지낼 수 있다.

: 사업자를 위한 조언 :

서비스 제공 거래와 관련해 사업자에게 제안하는 **첫 번째 조언은 다름 아닌 프로 의식이다.** 2016년 프로야구에서 롯데자이언츠가 연패의 늪에 빠졌을 때 롯데 관중석에서 7명의 팬이 각각 한 글자씩 "느·그·가·프·로·가?"라고 쓴 종이를 손에 들고 있는 모습이 잡혀 큰 화제가 된 적이 있었다. 프로, 즉 '프로페셔널(professional)'이라는 말은 아마추어가 아닌 직업적 전문성을 갖고 있다는 뜻이다. 그 일을 해서 돈을 번다는 의미다. 전문 직업인으로서 책임감이 있다는 뜻이기도 하다. 서비스업에 종사하는 사람이 가장 듣고 싶어 하는 칭찬은 무엇일까? 내 경우에는 "정말 프로시네요"였다. 자신이 제공하는 서비스가 어떤 종류든 자부심과 전문성을 갖고 책임감 있게 처리하는 것이 소비자가 기대하는 사업자의 모습이다.

두 번째는 서비스 내용을 소비자에게 확실히 이해시키고 계약을 체

결해야 한다는 것이다. 서비스 제공 거래와 관련된 계약은 통상적으로 사업자가 제공하는 약관에 따라서 체결되므로, 애매하거나 불확실한 내용이 있다면 나중에 사업자의 책임으로 돌아온다. 때로는 추가로 특약 사항을 넣기도 하는데, 사업자가 계약서에 손 글씨로 기재한 특약 내용이 이해되지 않는 경우가 있다. 약관에 추가해 별도로 합의한 내용도 그저 흘려 쓴 단어의 나열이 아니라 제대로 된 문장으로 기재해야 한다. 특히 고령의 소비자들이 이동통신 대리점에서 스마트폰 기기를 변경하는 계약을 체결할 때 보면, 심한 경우 낙서라고 볼 수밖에 없는 글자들을 여백에 잔뜩 써놓기도 하는데, 이후 분쟁이 발생한 상황에서 그것이 특약이었다고 이동통신사 대리점 사업자가 주장하면 그저 황당할 뿐이다.

아울러 계약 이행 과정에서 소비자 요청으로 추가 비용이 발생하게 될 때도 그냥 구두로만 합의하지 말고 반드시 서면으로 남기는 습관을 들여야 한다. 강조하지만 '증명'이 중요하다. 예를 들어 이사 서비스 계약을 한 뒤 이사 당일 가서 보니 원래 합의한 수량을 훨씬 초과해 추가 차량이나 인원을 동원해야 할 경우, 일다 끝내고 협의하려 하지 말고 소비자와 가급적 빨리 합의해서 서면(카톡이나 문자 메시지도 무방)으로 남겨둬야 한다.

: 정부를 위한 조언 :

앞서 간략히 소개한 일본의 경험에서 볼 수 있듯이 제조업에서 서비스업 위주 사회로 변화한다는 것은 단순히 유형의 상품에서 무형의 상품으로 변경되는 이상의 큰 의미가 있다. 점점 더 높아지는 소비자의 기대에 부응해 서비스의 가치를 계속 올리면서 그에 상응하는 정당한 대가를 받기란 쉬운 일이 아니다. 서비스 업종 종사자들이 고객들로부터 부당한 대우를 받는 '갑질 사회'로 전락할 수 있기 때문이다. 이런 상황에서 정부는 건강한 서비스업 생태계 육성을 위해 어떤 노력을 해야 할까?

서비스 제공 거래와 관련해 정부에 제안하는 **첫 번째 조언은 서비스 산업의 지속 발전을 위해 서비스 품질을 객관적으로 공정하게 평가하고 인증할 방안을 마련해야 한다는 것이다.** 최근 넷플릭스의 〈흑백 요리사〉라는 프로그램이 큰 반향을 일으켰고, 이전에도 각종 공개 경연이 인기를 끌었다. 내용이 재미있기도 했지만, 그 이면에는 눈에 보이지 않는 서비스를 투명하고 공정하게 평가하는 과정에서 느끼는 대리만족이 있을 것이다.

그렇지만 아직 사회 전반을 보면 수많은 무형의 서비스에 대해 제대로 평가하고 인증하는 시스템이 부족하다. 해마다 여러 언론이나 단체에서 이른바 '고객만족상'을 선정하긴 하지만, 사실상 광고가 대부분이라 신뢰성이 떨어진다. 미슐랭(Michelin) 같은 사기업의 평가가 사람들에게 더 큰 신뢰를 얻고 있는 게 현실이다. 아직 우리 사회는 눈에 보이지 않는 서비스를 정교하고 정량적인 지침을 만들어 내부적으로 훈련하고 외부적으로 보급하는 일에 미숙하다.

국내 기업들 가운데 프랜차이즈 사업을 하는 곳들이 적지 않은데, 정작 이런 사업에 필요한 독자적이고 세부적인 관리 매뉴얼을 갖추고 있는 곳은 많지 않아 놀라게 된다. 이에 반해 미국의 유명 프랜차이즈 회사들은 놀랄 만큼 정교한 지침을 토대로 운영되고 있다. 그저 자사 브랜드를 사용하게 해주고 필요한 물품이나 원재료만 공급한다고 해서 프랜차이즈가 되는 것은 아니다. 보이지 않는 서비스를 어떻게 통일적으로 잘 관리하고 유지할지가 프랜차이즈의 본질인데 여전히 부족하다는 느낌을 많이 받는다. 정부 차원에서 더 거시적으로 서비스 산업 전반을 어떤 방식으로 공정하게 평가하고 인증할지 소비자 관점에서 연구할 필요가 있다. 소비자와 사업자 모두를 위한 서비스 매뉴얼을 만들고 이를 계속 보완하고 발전시킬 수 있도록 하는 장려 정책도 필요하다.

두 번째는 서비스 분야의 고객 갑질을 방지하고 처벌할 규제 정책을

더욱 강화해야 한다. 기업소비자전문가협회(현 한국소비자중심기업협회)와 더불어 '문제행동 소비자'에 관해 법률적으로 분석한 책을 발간하고, 각종 세미나 발표를 통해 고객 갑질 대응 대책 마련을 기업과 정부에 촉구하기도 했다. 다행히 여러 사람의 노력으로 법률 개정이 이뤄져서 현재 '산업안전보건법'에는 다음과 같은 조항이 추가돼 있다.

> 제41조(고객의 폭언 등으로 인한 건강장해 예방조치 등)
> 제1항: 사업주는 주로 고객을 직접 대면하거나 정보통신망 이용촉진 및 정보보호 등에 관한 법률 제2조 제1항 제1호에 따른 정보통신망을 통하여 상대하면서 상품을 판매하거나 서비스를 제공하는 업무에 종사하는 고객 응대 근로자에 대하여 고객의 폭언, 폭행, 그 밖에 적정 범위를 벗어난 신체적·정신적 고통을 유발하는 행위로 인한 건강장해를 예방하기 위하여 고용노동부령으로 정하는 바에 따라 필요한 조치를 하여야 한다.
> 제2항: 사업주는 업무와 관련하여 고객 등 제3자의 폭언 등으로 근로자에게 건강장해가 발생하거나 발생할 현저한 우려가 있는 경우에는 업무의 일시적 중단 또는 전환 등 대통령령

으로 정하는 필요한 조치를 하여야 한다.

제3항: 근로자는 사업주에게 제2항에 따른 조치를 요구할 수 있고, 사업주는 근로자의 요구를 이유로 해고 또는 그 밖의 불리한 처우를 해서는 아니 된다.

제1항에 따라 산업안전보건법 시행규칙은 사업주가 취해야 할 조치로 소비자에게 폭언 등을 하지 않도록 요청하는 문구 게시 또는 음성 안내, 고객과 문제 상황 발생 시 대처 방법 등을 포함하는 고객 응대 업무 매뉴얼 마련, 고객 응대 업무 매뉴얼 내용 및 건강장해 예방 관련 교육 실시, 나아가 고객 응대 근로자의 건강장해 예방을 위해 필요한 조치를 할 것을 규정하고 있다.

그리고 제2항에 따라 산업안전보건법 시행규칙은 사업자가 취해야 할 조치로 업무의 일시적 중단 또는 전환 외에도 근로기준법에 따른 휴식 시간 연장, 폭언 등으로 인한 건강장해 관련 치료 및 상담 지원, 관할 수사기관 또는 법원에 증거물·증거서류를 제출하는 등 고객 갑질에 대응해 고소, 고발, 손해배상 청구를 하는 데 필요한 지원 내용을 규정하고 있다.

관건은 이런 법률 조항이 얼마나 잘 이행되느냐다. 산업안전보건법은 제2항을 위반할 시 1,500만 원 이하의 과태료를 부과하고, 제3항을 위반해 해고나 불리한 처우를 한 사업자는 1년 이하의 징역 또는 1,000만 원 이하의 벌금에 처하도록 규정하고 있다. 그런데 예방조치 의무인 제1항을 위반할 때 어떤 행정적·형사적 제재를 할지에 대해서는 규정이 없는 상황이다. 고객 갑질이 일어난 이후의 조치도 중요하지만, 그런 일이 발생하지 않는 게 더 중요하다. 고객 갑질 이전의 예방조치를 어떻게 하면 실질적으로 강제할 수 있는지 정부 차원의 검토가 필요한 이유다.

한편으로 이 법률은 고객 응대 업무를 하는 정규직 근로자에만 적용된다. 보호 내용의 성격상 소비자가 자영업자에게 갑질을 하는 경우나 단기 임시직 노동자 또는 배달원 등을 대상으로 한 고객 갑질에 대해서는 현실적으로 적용하기 어렵다. 이 부분도 보완이 필요하다.

중국에서 고연봉 IT 직종에 근무하다가 하루아침에 해고돼 배달원으로 가족의 생계를 책임지게 된 가장의 이야기를 담은 영화 〈역행인생(逆行人生)〉을 보면서 나도 모르게 눈물이 났다. 배달원에게 온갖 갑질을 하는 장면이 너무 가슴 아팠다. 국회 국정 감사에서 한 국회의원이 이른바 '별점 테러'를 어떻게 대처할지 공정거래위원장과 한국소비자원장에게 추궁했었다. 자영업자, 임시직 노동자, 배달원 등에 대한 소비자 갑질도 대책 마련이 시급하다. 그냥 민형사상 법적 조치를 하면 된다는 해법은 너무 무책임하고 서비스 산업 발전에도 아무런 도움이 되지 않는다.

세 번째는 소비자분쟁조정위원회에 소비자뿐 아니라 사업자도 분쟁조정을 신청할 수 있도록 할 필요가 있다는 것이다. 소비자의 부당한 요구나 행위로 어려움을 겪는 사업자가 어쩔 수 없이 민형사상 법적 절차에 뛰어들기보다 분쟁 조정 절차를 통해 소비자와 적절한 타협점을 찾을 수 있지 않을까? 일례로 한국의료분쟁조정중재원의 경우에는 환자뿐 아니라 의료기관도 조정을 신청할 수 있다. 의료기관의 관점에서 환자 측 요구가 무리하다고 판단하거나 제3의 기관을 통해 더 객관적으로 의료과실 유무 및 배상금과 관련한 조언을 받고자 하면 환자 측의 조정 신청을 기다릴 필요 없이 먼저 한국의료분쟁조정중재원에 조정을 신청할 수 있다. 소비자분쟁조정위원회를 통해서도 이렇게 할 수 있도록 제도를 보완할 필요가 있다.

제 3 장

함께 울어야 해결될 문제

의료 분쟁

봄은 꽃으로 왔다 간다. 벚꽃이 한창 하늘을 아스라이 가리다가 지고, 지금은 발갛게 물든 철쭉이 아파트 화단을 채우고 있다. 음성(한국소비자원 본원 소재지)을 오가는 길가에도, 멀리 보이는 산등성이와 논밭길에도 조금씩 꽃들이 삐죽삐죽 옹기종기 머리를 들이민다. 저녁에 남방셔츠 하나만 입고 나가도 더 이상 춥지 않고, 조금 걸으면 땀이 날 것 같다.

일상의 연속이다. 조정 사건을 검토하고, 음성을 다녀오고, 팀원들과 시답잖은 농담을 하면서 하루가 지난다. 오늘은 택시 운전을 하다가 실명(빛을 잃는다는 것은 얼마나 무서운 일인가)한 사람의 부인이 울면서 의사를 비난하는 이야기를 들었다. 의사들이 참 멋있고 부러웠는데, 이럴 때 보면 참 부담스럽고 위험한 직업이다. 그리고 요양병원에서 갑자기 증상이 나빠져 2시간 만에 병원으로 옮겼으나 결국 사망한 사건에서, 이런 과정이 결국 인간 사망의 '자연적 과정'이라고 말씀하신 연세 지긋한 교수님에게서 인생의 황혼을 느꼈다.

봄이 오고, 꽃이 피고, 여름이 오고, 가을, 겨울 계절이 바뀌지만, 어느 순간 더 이상 꽃은 볼 수 없고, 더 이상 계절이 순환되지 않는 순간이 올 것이다. 주님께서 지금 나를 여기에 보내신 것은 이런 것을 잊지 않게 하시려는 것일까?

_2022년 4월 25일 일기

소비자 분쟁 조정 분야 중에서 '생사(生死)'가 달린 문제를 다루는 경우가 두 가지 있다. 하나는 '의료' 분쟁이고 하나는 '보험' 분쟁이다. 그중에서 의료 분쟁 조정은 사건의 복잡성과 심각성 측면에서 특별히 신경이 쓰였다. 의료 분쟁 조정은 소비자분쟁조정위원회 외에 한국의료분쟁조정중재원에서도 하고 있는데, 두 기관의 처리 방식에는 다음과 같은 차이가 있다.

우선 한국의료분쟁조정중재원은 환자와 의료기관 사이의 순수 의료 분쟁 사건만을 처리하는 데 반해 소비자분쟁조정위원회는 순수 의료 분쟁 사건 외에도 시술 약정 취소에 따른 대금 환불 분쟁, 수차례에 걸쳐 이뤄지는 시술의 중도해지에 따른 대금 환불 분쟁, 반려동물 진료와 관련된 분쟁 등 소비자와 의료기관 사이에서 일어나는 거의 모든 종류의 분쟁을 다룬다.

다음으로 한국의료분쟁조정중재원은 감정 절차와 조정 절차가 분리돼 있다. 감정은 감정부에서 따로 하며 조정부는 감정부가 작성한 감정서를 참조해 조정을 진행한다. 소비자분쟁조정위원회에서는 조정 절차 내에서 해당 분야 의료 전문위원의 서면 의견을 받아 조정 결정에 참고한다.

그리고 조정기일의 구체적인 조정 과정과 관련해서 한국의료분쟁조정중재원은 한 건당 1시간 정도 시간을 할애해 현장에 참석하거나 전화로 연결된 당사자들과의 논의로 합의를 유도한다. 반면 소비자분쟁조정위원회는 한 번의 조정기일에 3시간에서 4시간 정도 동안 10건이 훨씬 넘는 사건을 한꺼번에 올려 위원 논의를 거쳐서 조정 결정을 한 뒤 당사자들에게 결정문을 송부한다. 소비자분쟁조정위원회 조정기일에 당사자가 참석하는 경우

위원들이 그 주장을 듣고 질문을 하기도 하지만, 시간상의 제약 때문에 조정기일 안에 당사자를 설득하는 경우는 드물다.

한국의료분쟁조정중재원의 조정과 소비자분쟁조정위원회의 조정 중에서 어느 쪽이 더 나은지를 말하기는 어렵다. 두 기관의 의료 분쟁 조정 절차에 모두 참여했던 나로서는 저마다 장단점이 있다고 생각한다. 소비자들과 의료기관도 각각의 선호가 있을 것이다. 이 두 기관의 의료 분쟁 조정 기능이 중복되니 소비자분쟁조정위원회의 기능은 폐지해도 되지 않겠느냐고 생각할 사람도 있을 것이다. 그렇지만 앞으로도 소비자에게 선택의 기회를 주고 두 기관이 서로 협력하고 경쟁한다면 국내 의료 분쟁 조정 기능 발전에 도움이 될 것이다.

의료 분쟁 조정에서 가장 핵심이 되는 문제는 무엇일까? 보통은 '의료과실' 유무와 '설명의무 위반' 여부다. '의료과실' 유무 판단은 의료기관의 의료 행위에서 나쁜 결과(의료계에서는 주로 '악결과'라고 부른다)가 발생한 경우 그것이 의료 행위와 인과관계가 있는지 우선적으로 검토한다. 인과관계가 없다면 추가 검토 없이 의료기관은 책임을 면하게 된다. 그런데 만약 인과관계가 있다고 인정되면 그다음에는 의료기관(의사 등 의료인)의 과실이 있었는지를 검토한다. 여기에서 과실이란 인간의 생명과 건강을 관리하는 의료 업무 특성에 비춰 환자의 구체적 증상이나 상황에 따라 요구되는 최선의 조치를 취해야 할 주의의무를 위반한 것을 의미한다. 의료인이 주의의무를 위반한 사항이 없고 일반적으로 인정되는 합병증 범위 내에서 일어난 일이라면 책임을 물을 수 없다. 이와 관련한 대법원 판례는 일관된 관점을 고수하고 있다.

> 의료 행위로 후유장해가 발생한 경우 해당 후유장해가 당시 의료 수준에서 최선의 조치를 다한 때에도 의료 행위 과정의 합병증으로 나타날 수 있거나 그 합병증으로 인해 2차적으로 발생할 수 있다면, 의료 행위의 내용이나 시술 과정, 합병증의 발생 부위 및 정도, 당시 의료 수준과 담당 의료진의 숙련도 등을 종합해서 판단할 때 그 증상이 일반적으로 인정되는 합병증의 범위를 벗어났다고 볼 수 없는 한 후유장해가 발생했다는 사실만으로 의료 행위 과정에 과실이 있었다고 추정할 수 없다.
>
> _대법원 2019년 2월 14일 선고 2017다203763 판결

'설명의무' 판단은 말 그대로 의료기관이 소비자에게 의료 행위와 관련된 설명을 제대로 했는지를 판단하는 과정이다. 특히 수술의 경우 환자 측에 충분한 사전 설명을 한 뒤 수술동의서를 받

았는지 검토한다. 의료인이 주의의무를 다했고, 환자에게 발생한 나쁜 결과가 일반적인 합병증 범위 내에 있었더라도, 그 가능성에 관해 사전에 환자에게 적절히 설명하지 않았다면 설명의무 위반으로 위자료 지급 책임을 부담하게 된다.

이 설명대로라면 의료 분쟁 조정이 간단하게 보일지 모르겠지만, 실제로 간단했던 적은 거의 없고 대부분 불확실한 것들투성이다. 무엇보다 나쁜 결과와 의료 행위 사이의 인과관계가 불확실한 경우가 적지 않다. 의료 행위와 나쁜 결과 사이의 간격이 시간상 밀접하면 인과관계가 있다고 여기기 쉬우나, "까마귀 날자 배 떨어진다(烏飛梨落/오비이락)"는 식으로 아무 상관없지만 의심을 살 만한 일이 함께 일어나기도 하고, 완전히 다른 원인으로 드러나는 경우도 있다. 환자 측의 이 같은 인과관계 입증의 어려움을 완화하고자 대법원은 이미 다음과 같은 판결을 한 바 있다.

> 원래 의료 행위에 있어서 주의의무 위반으로 인한 불법행위 또는 채무불이행으로 인한 책임이 있다고 하기 위하여는 의료 행위상의 주의의무의 위반과 손해의 발생과의 사이의 인과관계의 존재가 전제되어야 하나, 의료 행위가 고도의 전문적 지식을 필요로 하는 분야이고, 그 의료의 과정은 대개의 경우 환자 본인이 그 일부를

알 수 있는 외에 의사만이 알 수 있을 뿐이며, 치료의 결과를 달성하기 위한 의료 기법은 의사의 재량에 달려 있기 때문에 손해 발생의 직접적인 원인이 의료상의 과실로 말미암은 것인지 여부는 전문가인 의사가 아닌 보통인으로서는 도저히 밝혀낼 수 없는 특수성이 있어서 환자 측이 의사의 의료 행위상 주의의무 위반과 손해의 발생과 사이의 인과관계를 의학적으로 완벽하게 입증한다는 것은 극히 어려우므로, 환자가 치료 도중에 사망한 경우에 있어서는 피해자 측에서 일련의 의료 행위 과정에 있어서 저질러진 일반인의 상식에 바탕을 둔 의료상의 과실 있는 행위를 입증하고 그 결과와 사이에 일련의 의료 행위 외에 다른 원인이 개재될 수 없다는 점, 이를테면 환자에게 의료 행위 이전에 그러한 결과의 원인이 될 만한 건강상의 결함이 없었다는 사정을 증명한 경우에 있어서는, 의료 행위를 한 측이 그 결과가 의료상의 과실로 말미암은 것이 아니라 전혀 다른 원인으로 말미암은 것이라는 입증을 하지 아니하는 이상, 의료상 과실과 결과 사이의 인과관계를 추정하여 손해배상책임을 지울 수 있도록 입증책임을 완화하는 것이 손해의 공평타당한 부담을 그 지도 원리로 하는 손해배상제도의 이상에 맞는다고 하지 않을 수 없다.

_대법원 1995년 2월 10일 선고 93다52402 판결

그러나 환자의 인과관계 입증 책임이 완화됐다고 해서 그 책임 자체가 사라지는 것은 아니므로 여전히 환자 측이 인과관계를 입증하기는 해야 한다. 게다가 인과관계가 있다고 입증되더라도 의료과실까지 인정받기란 매우 어렵다. 의사는 기본적으로 어떤 의료 행위를 선택할지에 재량이 있다고 인정되므로, 합리적 재량 범위 내에서 선택한 의료 행위가 잘못됐다고 해서 바로 책임을 부담하지는 않는다. 대법원도 일관된 입장이다.

> 무릇 의사는 진료를 행함에 있어 환자의 상황과 당시의 의료 수준 그리고 자기의 전문적인 지식과 경험에 따라 생각할 수 있는 몇 가지의 조치 중에서 적절하다고 판단되는 진료 방법을 선택할 수 있고, 그것이 합리적인 재량의 범위를 벗어난 것이 아닌 한 진료의 결과를 놓고 그 중 어느 하나만이 정당하고 그와 다른 조치를 취한 것에 과실이 있다고 말할 수는 없다.
>
> _대법원 1996년 6월 25일 선고 94다13046 판결

더욱이 수술처럼 환자 측 보호자가 접근할 수 없는 폐쇄된 공간 내에서 이뤄지는 행위의 경우 그 과정에서 어떤 부분을 잘못했는지 찾아내기란 일반인으로서는 거의 불가능한 일이다. 수술

과정에 대한 의료 기록이 부실한 경우에는 더욱 힘든 상황이 된다. 어떤 나쁜 결과가 의료인이 주의의무를 다했더라도 발생할 수밖에 없는 합병증의 범위 내에 있는지 판단하기도 어렵다.

설명의무 이행 여부를 판단할 때는 주로 수술동의서 내용이 충분한지, 수술동의서 관련 내용에 밑줄이나 형광색 표시 등으로 설명한 흔적이 있는지 등을 검토한다. 하지만 일부 합병증은 발생 가능성이 희박하다는 이유로 설명의무 대상이 될 수 없다는 주장도 계속 제기되고 있다. 아울러 성형수술의 경우에는 의사가 아닌 '실장'이라고 불리는 직원이 설명한 때도 많아서 문제가 된다. 미용 성형수술은 긴급성을 요구하는 수술이 아니기에 원래는 더 강한 설명의무가 부과되지만, 실무에서는 오히려 설명이 더 잘 이뤄지지 않는 게 아닌가 하는 의심을 받기도 한다.

이런 과정을 꼼꼼히 검토하고 각 분야 전문가로 구성된 조정위원회의 열띤 논의를 거치더라도 의료기관의 책임을 물을 수 없다는 결론이 나오는 경우도 많다. 이때 그저 "조정하지 아니한다"는 주문을 기재한 결정문만 보내면 조정 임무를 다한 것이 될까? 소비자를 위한다는 관점에서 볼 때 의료 분쟁 조정의 기능은 의료 소비자가 잘못된 의료 행위 때문에 입게 된 손해를 보상받도록 하는 데 있다. 그렇지만 여기에서 그치면 안 된다. 의료 분쟁 조정의 더욱 중요한 기능은 의료 소비자에게 도대체 무엇이 어떻게 잘못됐는지 알려주는 데 있다.

가족 가운데 누군가가 갑자기 아파서 급히 병원 응급실을 찾았는데 1시간 만에 사망했다고 가정해보자. 유가족은 너무나 황망해 이게 도대체 어떻게 된 것이냐며 응급 의료진에게 항의할 것이다. 그런데 병원 측도 당황스럽긴 마찬가지다. 어떻게 된 일인지 조사하느라 유가족에게 설명할 겨를이 없을 수도 있다. 그러는 동안 서로 반목과 의심만 쌓인다. 이 상황에서 의료 분쟁 조정의 가장 중요한 역할은 사건 경위를 전문가 관점에서 하나씩 검토하고 분석해 그 원인을 조금이라고 밝혀내고 당사자들 사이의 오해를 풀어주는 것이다. 실제로 이런 설명을 충분히 듣고 나니 의료진에 대한 오해가 풀려서 만족했다는 유가족도 많았다.

나아가 이 과정을 통해 환자에게 나쁜 결과가 일어난 원인이 의료진 잘못에 있지 않으며, 가족의 잘못은 더더욱 아님을 알리는 일도 중요하다. 어떤 자녀들은 자신들이 좀 더 좋은 병원에 모시지 못했기 때문에 아버지가 돌아가신 것이라고 자책하기도 한다. 어떤 어머니는 딸에게 병원을 잘못 소개해서 잘못된 것이라고 괴로워하기도 한다. 환자가 사망한 사건에서 나는 유가족이 죄책감을 느끼지 않도록 최대한 말을 조심했다. 조정결정문에서도 환자 가족의 잘못을 탓하는 듯한 표현은 사용하지 않았다. 환자가 사망한 사건에서 의료진 과실이나 설명의무 위반을 인정하기 어려워 부득이하게 "조정하지 아니한다"는 결정을 했을 때는 유가족을 조금이라도 위로하고자 다음과 같은 문구를 결정문 마지막에 기재하기도 했다.

우리 위원회는 젊은 나이에 암과 투병하다가 갑자기 돌아가신 ○○○님의 명복을 빌며 사랑하는 가족을 잃으신 유가족께 깊은 위로의 말씀을 드립니다.

아무것도 할 수 없는 상황에서 위로의 말씀이라도 드려야 최소한의 도리라고 생각했다. 의료 분쟁 조정 중에는 우리 생명과 건강의 소중함을 뼈저리게 느끼게 된다. 특히 평소 당뇨에 주의하는 게 얼마나 중요한지 깨닫게 된다. 당뇨병에 걸리면 수술 후에도 상처가 잘 아물지 않고 염증도 잘 일어난다. 전문의 출신의 어느 의료 전문 변호사가 "신이 내게 고혈압과 당뇨 중 하나만 선택하라고 한다면 고혈압을 고르겠다"고 할 정도로 당뇨병의 후유증은 심각하다. 그리고 한번 나빠지기 시작하면 다시 회복할 수 없는 눈과 치아를 잘 관리하는 게 얼마나 중요한지도 깨닫게 된다. 아이들이 화장실에서 용변 중에 스마트폰을 너무 오래 보거나(안압이 올라가서 좋지 않다) 식사 후 또는 잠자리에 들기 전 이를 잘 닦지 않는 것을 보면, '이 녀석들이 안과나 치과와 관련한 의료 분쟁 사건들을 몇 개 조정해보면 정신이 번쩍 들 텐데' 하는 생각이 들기도 했다.

의료 분쟁에 관한 조언

의과대학교 신입생 수의 증원에 대한 정부와 의료계의 갈등이 촉발한 '의료 대란'은 필수 의료를 어떻게 확보하느냐의 문제를 넘어 의료 분쟁을 어떻게 해결하느냐의 문제로까지 이어졌다. 충분한 수의 우수 의료 인력이 필수 의료에 종사하지 않는 이유 중 하나는 필수 의료와 관련한 의료 분쟁이 제대로 해결되지 않아서 해당 의료 인력에 엄청난 민형사상 부담을 주기 때문이다. 의료 분쟁 해결은 어느 한쪽의 노력만으로는 불가능하며 소비자, 사업자(의료기관/의료인), 정부 모두의 협력이 있어야 비로소 가능하다.

: 소비자를 위한 조언 :

의료 분쟁과 관련해 소비자에게 제안하는 **첫 번째 조언은 의사가 신이 아닌 사람이라는 사실을 인정해야 한다는 점이다.** 의료 분쟁 조정 때 환자나 환자 가족에게 가장 많이 듣는 말이 "그래도 의사잖아요"다. 의사이니 어떤 병이든 당연히 알아야 했고, 의사이니 어느 병이든 당연히 치료해야 했다는 의미가 포함된 말이다. 그러나 의료 분쟁 사건을 처리하면서 계속 느꼈지만, 의료 기술이 상당 수준 발전한 지금도 의사가 잘 모르고 치료할 수 없는 질병과 증상이 무수히 많다. 특히 발음도 어려운 외국 사람의 이름을 따서 이른바 '○○○ 증후군'이라는 용어로 부르는 증상 같은 경우에는 알려진 원인이나 치료법이 없는 경우가 허다하다. 의사도 사람이니 모든 것을 다 알 수는 없다. 이 사실을 인정해야 조정이 가능하다.

두 번째는 나쁜 결과가 일어났더라도 반드시 의료기관이 책임지는 것은 아니라는 사실이다. 앞서 설명했듯이 나쁜 결과와 의료 행위 사이에 인과관계가 인정돼야 하고, 의료인의 과실도 입증돼야 한다. 금전적 배상 책임을 지우려면 최소한 설명의무 위반이라도 인정돼야 한다. 감정적으로만 접근해서는 곤란하다.

**세 번째는 의료기관의 책임이 인정되더라도 막대한 배상금을 받지

는 못한다는 것이다. 의료 피해는 의료인의 과실 외에 다른 요인, 일테면 환자의 기저질환이나 평소 건강 상태, 수술 후 관리 소홀 등으로 인해 피해가 확대될 수도 있고, 의료 행위 자체가 완벽하지 않고 늘 불확실성을 내포하고 있기에 실무상 책임을 제한하는 경우가 많다. 뇌 수술이나 심장 수술처럼 긴급하고 위험한 수술의 경우에는 책임 제한을 더욱 크게 하는 경향이 있다. 손해배상을 인정하더라도 의료과실로 발생한 문제를 해결하기 위해 소요된 치료비 등 직접 손해액과 의료과실로 인한 문제로 감소한 소득, 예컨대 입원 중 노동력 및 소득 상실에 따른 미래 잠재 소득 상실 등 간접 손해액 그리고 위자료로 나눠서 손해배상 액수를 엄격히 산정하기 때문에 생각보다 금액이 적을 수 있다. 만약 다른 책임은 인정되지 않고 환자의 선택권을 침해한 설명의무 위반 책임만 인정된다면 위자료 정도의 손해배상만 받을 수 있다는 사실도 인지하고 있어야 한다.

네 번째는 중요한 치료의 경우 여러 전문가의 의견을 수렴해 신중히 결정해야 한다는 것이다. 나도 아이가 병이 생겨 병원에서 빨리 수술하자고 했을 때 왠지 기분이 찜찜해서 다른 병원에 알아봤을 때 완전히 다른 질병임을 알게 된 경우가 있었다. 먼저 찾은 병원의 권유만 믿고 수술했으면 큰일 날 뻔했다. 아마도 한두 번은 이런 경험이 있을 것이다. 중요한 의료적 결정을 위해서는 다른 전문가들의 2차 의견까지 두루 수렴하는 게 좋다.

다섯 번째는 수술 시 수술동의서를 반드시 정독하고 궁금한 사항은 주치의에게 직접 문의해야 한다는 것이다. 어떤 소비자들은 병원의 수술동의서에 기재된 내용이나 의사의 설명보다 인터넷에 떠돌아다니는 정보나 유튜브 설명을 더 신뢰하는 것 같다. 하지만 인터넷이나 유튜브의 정보는 정확성을 담보할 수 없는 데다 개별 환자의 상태에 따라 맞춤형으로 제공하는 정보가 아닌 일반적인 사항이다. 지금 환자를 보고 있는 주치의의 설명이 정확하다.

: 사업자를 위한 조언 :

의료 분쟁과 관련해 사업자(의료인)에게 제안하는 **첫 번째 조언은 기록이 기억을 이긴다는 사실이다.** 의료과실이나 설명의무 위반이 문제가 될 때 기억에만 의존해 자신들은 분명히 수술 과정에서 필요한 조치를 다 취했고, 사전에 환자에게 관련 위험성을 자세히 설명했다고 주장하는 의료인들이 꽤 있다. 그것을 어떻게 입증할 수 있을까? 기록으로 남기지 않으면 환자가 치료 과정에서 특정 조치를 했는지 아닌지 확인할 방법이 없다. 설명 여부도 수술동의서에 해당 내용이 기재돼 있지 않거나, 설령 기재돼 있더라도 밑줄이나 형광 표시로 설명한 흔적이 없으면 입증이 어렵다. 따라서 의료진으로서는 의료 행위상 모든 의무를 제대로 이행해야 함은 물론 의료 기록이나 수술동의서 등을 충실히 작성하고 보관해야 한다. 악마가 '증명'에 있다면 그에 맞설 천사는 '기록'에 있다.

두 번째는 수술동의서 양식과 내용을 종류별 맞춤형으로 만들고 계속 업데이트해야 한다는 것이다. 대부분 병원이 수술 종류와 무관하게 일정한 양식에 동일한 내용이 인쇄된 수술동의서를 활용하고 있다. 더욱이 의학 발전과 경험 축적으로 새로운 합병증이 발견되고 있는데도 수술동의서에 기재된 합병증 내용에는 변함이 없다. 비단 특정 의료인뿐 아니라 의료기관 전체의 설명의무 위반 위험성에 노출돼 있다고도 할 수 있기에 조속한 시정이 필요하다.

세 번째는 의료 분쟁 발생 초기부터 종료까지 사건을 잘 처리할 수 있는 전문 인력을 양성할 필요가 있다는 점이다. 진료와 수술 등을 담당하는 의료인이 의료 분쟁을 직접 처리하기란 현실적으로 어렵다. 그래서 많은 의료기관이 내부 직원이나 외부 변호사가 처리하도록 하고 있는데, 문제는 의료 분쟁 처리에 필요한 지식이나 경험이 부족한 경우가 많다는 데 있다. 의료 분쟁을 제대로 해결하기 위해서는 법률 지식 말고도 상당 수준의 의료 지식이 필요하다. 이 부분은 별도의 특별 양성 과정을 거치지 않으면 스스로 갖추기 힘들다. 소비자분쟁조정위원회에 있으면서 관찰한 바에 따르면 의료 분쟁 해결에 필요한 지식과 경험을 잘 갖춘 직원이 있는 의료 기관은 훨씬 더 효과적으로 의료 분쟁을 해결했다. "잘 키운 직원 하나, 열 변호사 안 부럽다"는 모토로 의료 분쟁 해결 전문 인력을 양성하기 바란다.

: 정부를 위한 조언 :

의료 분쟁과 관련해 정부에 제안하는 **첫 번째 조언은 의료 분쟁 데이터를 활용한 정책 반영이다.** 이 데이터는 법원, 검찰, 경찰 등에서도 재판이나 조사 과정 중 수집하고 검토한다. 물론 더 자세하고 유의미한 데이터는 한국의료분쟁조정중재원과 한국소비자원 및 소비자분쟁조정위원회에서 더 많이 확보하고 있다. 분쟁 사건마다 최초 의료 기록부터 검사 기록은 물론 그에 관한 의료 전문 조정팀의 정리, 당사자들의 주장, 전문가 의견, 감정 의견, 최종 조정결정문까지 포함한 자료다. 이 데이터는 다음과 같은 용도로 활용할 수 있다.

- 의료 사고 원인 파악.

- 의료 사고 예방 방안 수립.

- 수술 및 약물 부작용 등 잠재 위험 발견.

- 유형별 분쟁 처리 지침 도출.

- 차후 의료 분쟁 조정 결과 예측(조속한 분쟁 해결 가능성 타진).

실제로 한 의과대학 교수는 자신이 집도한 수술 결과로 전혀 예상치 못한 합병증이 발생하는 일을 겪었다. 그런데 그는 당황스럽고 낙담한 상황에서도 관련 자료와 외국 논문 등을 조사해서 결국 그 원인을 밝혀냈고, 합병증을 예방하는 방법까지 찾아내 국제 의학 정보 교류 채널에 사례 보고서까지 올렸다. 비록 예상치 못한 합병증으로 의료 분쟁이 발생하긴 했지만, 이를 계기로 추후 동일한 합병증을 예방할 수 있는 길을 열었으니, 담당 의료진과 환자에게 조금이라도 위안이 되지 않았을까?

한편으로 내가 알아본 바로는 현재 의과대학에서 학생들을 가르치거나 의료진이 함께 검토하는 의료 사고 사례는 대개 자신들의 병원에서 발생한 사건만 다루므로 그 범위가 매우 제한적이다. 만약 방대한 의료 분쟁 관련 데이터를 모든 의과대학에 제공한다면 교육과 연구에 유용하게 활용할 수 있어서 궁극적으로는 우리나라 의학을 발전시키고 소중한 생명을 한 사람이라도 더 살리는 데 이바지할 수 있을 것이다.

아울러 AI 시대인 만큼 의료 분쟁 관련 데이터를 학습시켜 의료 소비자와 의료인들에게 특정 질병, 치료, 수술, 의약품, 합병증, 부작용 정보를 열람할 수 있게 한다면 불필요한 의료 분쟁을 방지하고 해결하는 데도 유용할 것이다.

의료 분쟁 관련 데이터는 한국의료분쟁조정중재원과 한국소비자원 및 소비자분쟁조정위원회에 족히 몇만 건은 쌓여 있고 매년 계속 쌓여가고 있다. 그런데 실제로는 잘 활용되고 있는 것 같지 않아 이 부분이 참으로 안타깝다. 소비자분쟁조정위원회의 의료 전문 조정팀은 대학병원 출신의 간호사들로 구성돼 있는데, 각각의 사건마다 방대하고 복잡한 의료 기록을 검토하고 정리하고 각 분야 전문가 의견을 구하는 등 노력과 시간을 기울이고 있다. 이런 자료들이 의미 있게 활용되지 못하는 것은 국가적으로도 큰 손실이다. 몇몇 국회의원실에도 이야기하고 관련 세미나에서도 주장했으나 관심이 별로 없는 것 같았다. 내가 생각하는 활용 방안은 우선 현행 '환자안전법'을 개정하는 것이다.

현재 환자안전법 제15조의 2(환자안전사고 관련 자료 제공의 요청) 제1항은 "보건복지부장관은 환자안전사고 관련 정보의 공유를 위하여 다음 각 호의 기관의 장에게 보건복지부령으로 정하는 환자안전사고 관련 자료의 제공을 요청할 수 있다"고 규정하고 있다. 각 호의 기관이란 한국의료분쟁조정중재원, 한국소비자원, 한국의약품안전관리원, 한국의료기기안전정보원 및 그 밖의 대통령령으로 정하는 기관을 말한다.

나는 우선 제1항의 "요청할 수 있다"는 문구를 "반드시 요청하여야 한다"로 변경해 보건복지부가 주기적으로 자료를 수집하도록 의무화해야 한다고 주장하고 싶다. 그리고 보건복지부가 각 기관들로부터 수집하는 자료는 환자안전사고에 국한된 것들뿐 아니라 의료 사고 및 의료 분쟁에 관한 데이터를 폭넓게 포함해야 한다. 아울러 한국의료분쟁조정중재원과 소비자분쟁조정위원회가 보건복지부에 주기적으로 이 자료를 제공하고 자체적으로도 활용할 수 있도록 필요한 예산과 기술적 지원을 제공해야 한다. 보건복지부가 수집한 자료는 병원, 의과대학, 연구소 등이 공익을 위한 교육과 연구 목적으로 활용할 수 있도록 하고 일정 요건을 충족하는 민간 기관들에도 허용한다. 나아가 이 데이터를 종합 플랫폼을 통해 의료 소비자와 의료인 등이 검색할 수 있도록 해서 불필요한 의료 분쟁을 사전에 방지하거나 발생하더라도 조기에 해결하는 데 도움이 되도록 해야 할 것이다.

환자안전법을 개정해서든 아니면 다른 정책을 마련해서든 하루빨리 의료 분쟁 데이터가 국민의 생명을 살리는 데 적극 활용되기를 희망한다. 의료 분쟁을 조정하면서 너무나도 많은 가슴 아픈 사연을 목격했다. 희생자들의 넋을 조금이라고 위로하고 앞으로는 그들과 같은 죽음을 맞이하는 이들이 없으면 좋겠다.

두 번째는 의료 분쟁 당사자들에게 사건 경과를 2차 의견을 통해 더 객관적으로 설명할 전문가를 육성할 필요가 있다. 한국의료분쟁조정중재원에서 감정서를 제공하고 소비자분쟁조정위원회에서도 조정결정문에 전문위원 의견이 들어가긴 하지만, 이는 분쟁 초기가 아닌 마지막 단계에서 제공되기에 의료 분쟁을 조기에 해결하는 데는 별다른 도움이 되지 않는다. 현업에서 은퇴했거나, 현직 의사 중에서도 이와 같은 2차 의견을 제공하는 일을 주업이나 부업으로 할 만한 인재들이 있을 것이다. 이들 전문가를 활용해 의료 분쟁 발생 초기 단계에서 분쟁 당사자, 특히 환자 측에게 2차 의견으로 사건 경과를 더 객관적으로 보완한다면 정확한 사실 인식을 바탕으로 가급적 빨리 오해를 풀 수 있을 것이다.

세 번째는 의료 분쟁 당사자에게 의료과실 및 책임의 법률적 판단 기준과 배상 기준에 관한 가이드라인을 제공하는 것이다. 영상이면 가장 좋고 문서도 나쁘지 않다. 미리 살피도록 해서 분쟁 당사자들이 조정 위원들과 동등한 배경 지식을 갖고 분쟁 조정에 참여하는 게 바람직하다. 실제로 조정 과정을 보면 구체적인 사건에 대한 논의보다는 의료 분쟁 당사자들에게 의료과실 및 책임의 법률적 판단 기준과 배상 기준을 설명하는 데 더 많은 시간을 할애하곤 한다. 이 부분을 분쟁 당사자들이 이해하지 못하면 아무리 합리적인 조정안을 제시해도 수용하기 어렵다.

많은 분야에서 소비자 교육이 강조되고 있는데 의료 분야에서의 소비자 교육은 아직 걸음마도 떼지 못한 단계다. 《논어(論語)》에 나오는 공자(孔子)의 말처럼 "짐은 무겁고 갈 길은 멀다(任重道遠/임중도원)."

제4장

결국 소비자의
재산을 지키는 일

금융 분쟁

오랜만에 법률서로 미하엘 슈톨라이스(Michael Stolleis)의 《독일 공법의 역사(Offentliches Recht in Deutschland)》를 읽었다. 법대 다닐 때 공부했던 개념적인 이론들이 다시 생각나고, 나치 치하 독일 법학계의 상황도 알게 되는 계기가 됐다. 바이마르 공화국 당시 소극적으로만 민주주의를 지지한 결과, 나치라는 전무후무한 독재가 집권하는 것을 사실상 묵시적으로 승인하고만 독일 법학계의 모습에서 우리나라의 현실도 생각하게 됐다.

설날 연휴 기간에는 넷플릭스에서 〈정이〉라는 영화를 봤다. 작년에 세상을 떠난 강수연 씨의 유작이라 관심을 갖고 봤는데, 생각보다 메시지가 있고 강수연 씨 연기도 과장이 없어서 인상적이었다. 특히 마지막에 모든 세상의 축복을 기원하는 대사는 마치 강수연 씨의 육성 유언처럼 다가왔다.

첨단 세상이 다가왔지만 우리 세상의 빈부격차는 더 커지고 권력의 개인 집중은 더 심각해지고 있다. 재력이나 권력이 없는 사람들은 이 추운 겨울 내던져진 사람들처럼 더욱 어렵고 힘들 것이다. 독일이 직접 민주주의가 아닌 대의 민주주의를 견지하는 것도 이런 직접적인 상황을 감당하기 어려워서가 아닐까? 우리는 결국 참여자가 아닌 소비자로 전락하는 것은 아닐까?

_2023년 1월 23일 일기_

금융 분쟁 조정은 의료 분쟁 조정과 마찬가지로 소비자 분쟁 조정에서 특별한 위치를 차지한다. 두 분야 모두 복잡하고 특수한 영역이고, 별도의 전문 조정위원회가 존재한다는 점에서 공통점이 있다. 의료 영역에는 한국의료분쟁조정중재원이 있고 금융 영역에서는 금융분쟁조정위원회가 있다. 그러니 의료 영역에서와 마찬가지로 소비자분쟁조정위원회가 왜 금융 사건까지 처리하는지 의문이 들 수도 있을 것이다. 전문성에 대해서도 고개를 갸우뚱할지도 모르겠다.

그런데 조금만 생각해보면 의료 분쟁이나 금융 분쟁이나 그 중심에는 결국 소비자가 있다. 다 돈과 관련이 있다는 의미다. 모든 소비자에게는 선택의 기회가 주어져야 한다. 의료 분쟁과 마찬가지로 소비자분쟁조정위원회는 순수 금융 분쟁 말고도 금융과 관련한 여러 분쟁을 조정한다. 금융 분쟁을 조정할 때도 나는 팀원들에게 우리가 소비자들 '최후의 보루'라고 강조했다. 다른 분야도 마찬가지지만 특히 금융은 소비자의 재산을 지키는 일이다. 그래서 일부 유형의 사건들은 대법원에서 다른 판결이 날 때까지 계속 소비자에게 유리한 판단을 유지하기도 했다.

보험 분쟁: 보험금의 주인은 누구인가?

소비자분쟁조정위원회가 다루는 사건 중에서 보험 관련 분쟁은 앞서 언급했듯이 의료 분쟁과 더불어 사람의 생사가 달린 문제인 경우가 많아서 마음이 무서워지곤 한다. 보험 분야 또한 여러 가지 복잡한 법리가 적용되는 영역이고, 많은 경우 보험사가 적극적으로 소비자의 입장에 반대하기 때문에 조정이 성립되기도 쉽지 않다. 그럼에도 불구하고 소비자분쟁조정위원회로서는 공정한 원칙에 따라 조정이 이뤄지도록 할 수 있는 모든 노력을 다한다.

보험 관련 소비자 분쟁 가운데 가장 심각한 사안은 자살과 관련된 것들이다. 요즘에는 '자살'이라는 용어가 너무 직접적이라 '극단적 선택'이라고 표현하는 경우가 많지만, 이 표현의 적절성에 대해서도 논란이 많은 데다 보험 사건에서는 용어 자체가 주는 혼란이 있어서 이 책에서는 그냥 '자살'로 통칭하도록 하겠다.

자살은 대부분 보험에서 보험사의 보험금 지급이 면책되는 사유로 규정하고 있다. 하지만 대법원은 정신질환 등으로 자유로운 의사결정을 할 수 없는 상태에서 자살한 경우라면 보험금 지급 대상인 '사고'로 봐야 한다는 일관된 관점을 취하고 있다. 따라서 보험 분쟁에서는 바로 이 부분이 쟁점으로 작용한다.

대법원은 사망 보험금을 명시한 보험계약에서 자살을 보험사의 면책 사유로 규정하고 있는 경우에도 피보험자 스스로 자유로운 의사결정을 할 수 없는 상태에서 자살하는 것까지 포함하지는 않으므로, 자살에 이르게 한 원인이 외부에 있다면 해당 사망은 피보험자의 고의라기보다는 우발적 사고로 보험사고인 사망에 해당할 수 있다고 판단한다. 이때 정신질환 등으로 자유로운 의사결정을 할 수 없는 상태에서의 사망이었는지 여부는 자살 당사자의 나이와 평소 행실, 신체적·정신적 상태, 정신질환의 발병 시기와 진행 경과 및 정도, 자살 무렵의 구체적 상태, 주변 상황, 자살 시기 및 장소, 자살 동기, 경위와 방법 등을 종합적으로 고려해 판단해야 한다고 판시하고 있다.

그렇더라도 이 모든 요소를 헤아려 판단한다는 게 결코 쉬운 일은 아니다. 보험사 입장에서는 이런 요소를 종합적으로 고려했을 때 피보험자가 자유로운 의사결정을 할 수 없는 상태가 아니었다고 주장할 공산이 크고, 유가족은 피보험자가 자유로운 의사결정을 할 수 없는 상태였다고 주장할 것이다. 피보험자는 이미 고인이 됐기에 아무 증언도 할 수 없다. 우리에게 남은 정보는 피보험자의 의료 기록과 남긴 글 몇 가지, 자살 당일의 행적, 유가족들의 진술, 전문가 의견 정도인데, 이것만으로 피보험자의 정신 상태를 추정하기란 매우 조심스럽다. 더욱이 공정하고 객관적이어야 할 소비자분쟁조정위원회가 무조건 소비자 편을 든다는 것도 적절치는 않다. 보험사들이 늘 펼치는 논리대로 보험금은 하늘에서 뚝 떨어지는 게 아니라 보험 소비자들이 납부하는 보험료에서 충당되기 때문에, 보험금이 허술하게 지급되면 결국 보험료 증가로 이어져 그 손해를 오롯이 다른 보험 소비자들이 부담하게 된다. 그렇기에 다른 사건들보다 논의에 더 많은 시일이 소요되고 결국에는 표결에 부치는 때도 있으며, 추가 검토 사안이 나오면 다음 기일로 이어지기도 한다.

소비자분쟁조정위원회의 결정이 법원 판결처럼 법적 구속력이 있는 것도 아닌 데다 무조건 정확하다고도 볼 수도 없어서, 다른 분쟁 분야에 비해 보험사들이 조정 결정을 수용하는 경우가 드물다. 그래도 우리로서는 사건을 공정하게 다루고자 최선을 다해야 하고, 보험사에서 미처 고려하지 못한 사실이나 법리를 제시하면 이를 수용할 가능성이 있다고 기대할 수밖에 없다. 그래서 분쟁 조정을 신청한 소비자가 그동안 보험금을 받지 못하다가 조정 결정이 나온 후 받게 됐다고 우리 팀원에게 전화를 걸어와 울먹이면서 연신 고맙다고 인사했다는 보고를 받으면 큰 보람을 느끼곤 했다.

모름지기 보험 소비자로서 가장 황당한 일은 당연히 지급된다고 믿었던 보험금이 거부되거나 훨씬 적은 금액을 받게 되는 경우일 것이다. 거기에는 몇 가지 이유가 있는데 가장 대표적으로 보험 관련 법률 및 보험 약관상 보험사가 보험계약을 해지할 수 있거나 면책될 수 있는 사유에 해당할 때를 들 수 있다. 예컨대 소비자가 보험계약 시 기저질환이나 오토바이 운행 또는 위험 직종으로의 이직 등을 보험사에 알리지 않은 경우가 있다.

불운은 누구도 예상치 못하기에 어떤 사람은 오토바이를 타고

며칠 되지 않아서 교통사고로 사망하기도 한다. 그러면 보험사는 소비자가 오토바이 운행 개시 후 즉시 보험사에 알리지 않은 이유를 들어 보험계약 기간 중 고지의무를 위반했다고 주장하고, 유가족은 오토바이 탄 지 며칠 지나지도 않았고 중간에 휴일도 있었는데 고지할 시간이 언제 있었겠느냐고 반박한다. 약관에 명시된 "즉시 고지해야 한다"에서 '즉시'를 어떻게 해석하느냐도 문제다. 소비자는 여기에 더해 계약기간 중 오토바이 운행 시 고지의무에 대한 설명을 계약할 때 듣지 못했기 때문에 보험사가 걸고 넘어갈 수 없다고 주장한다. 보험사는 당연한 사안을 굳이 말로 설명할 필요가 없는 데다 약관에 이미 나와 있으니 설명한 것과 동등한 효력이 있다고 주장한다.

　이를 보고 있노라니 보험을 들어놓았더라도 마냥 안심하면 안 된다는 생각이 들곤 했다. 보험에 가입했어도 보험금을 반드시 받는다는 보장이 없기 때문이다. 이렇게 이야기하면 보험사 입장에서는 불쾌하겠지만, 사실 보험에 대한 불신을 초래한 책임이 어느 쪽에 있을까? 미래의 불확실성에 대비하려고 어쩔 수 없이 보험을 들지만 막상 그 보험금을 받기 위해 보험사를 상대로 싸워야 한다면 애당초 보험은 왜 존재해야 할까? 21세기 첨단 문명에 살면서도 보험은 여전히 전통적인 '고지의무'와 '설명의무', 복잡한 '약관' 해석이라는 족쇄에 묶여 있다는 게 답답하다. 아니나 다를까, 요즘 많은 보험사가 재정적으로 어려운 처지에 있다. 과거의 족쇄에서 벗어나야 보험업계에도 진정한 의미의 새로운 '블루오션(Blue Ocean)'이 열릴 수 있지 않을까?

보험 분쟁 가운데 아마도 가장 빈번한 것은 의료 행위의 적절성을 보험사가 문제 삼는 경우일 것이다. 가장 흔한 사례가 백내장 수술과 관련한 분쟁이다. 이때 보험사는 보통 두 가지 측면에서 문제를 제기하곤 한다. 하나는 '질병 치료' 목적이 아닌 '시력 향상' 목적으로 이뤄진 백내장 치료에 대해 "시력 교정술에 대해서는 보험금을 지급하지 않는다"는 약관의 예외 조항을 들어 보험금 적용 대상이 아니라는 주장이다. 또 하나는 병원에 입원한 것을 두고 백내장 수술을 받으려고 입원까지 할 필요는 없으니 입원 보험금 말고 통원 치료 보험금만 지급하겠다는 주장이다.

관련 소송이 많이 제기된 만큼 판결도 적지 않은데, 전반적으로 보면 백내장 수술 관련 보험금 지급 조건은 엄격하게 심사하는 경향이 강해지고 있다. 시력 교정 외에 치료 목적이 있다는 사실은 인정하면서도 입원의 필요성에 대해서는 더 깐깐하게 판단한다. 그렇지만 의료 지식이 빈약하고 보험에 대한 전문 지식도 부족한 소비자로서는 병원 말을 듣고 입원해 수술을 받았는데 보험금 지급이 되지 않는다니 그저 황당할 따름이다. 환자가 보험금을 받든 못 받든 병원은 이미 치료비를 다 받았으니 됐고, 보험사는 심사해서 자사 기준에 맞지 않을 시 지급하지 않으면 그만이니, 결국 중간에서 소비자만 발을 동동 구르게 된다. 이게 과연 누구의 잘못일까? 이런 문제는 보험 분쟁뿐 아니라 의료 분쟁 현장에서도 볼 수 있다. 의료과실에 관한 의료 분쟁인지 알았는데 나중에 보니 소비자가 의료기관에 제발 보험금을 받을 수 있게 조치해달라고 청구한 내용인 경우도 많았다. 이를 의료기관이 수용할 수 있을까? 이 경우 소비자분쟁조정위원회 관점에서 실질적으로는 의료기관, 보험사, 소비자의 3자 분쟁 조정이 되기도 한다.

  이 문제는 백내장 수술에만 국한되지 않는다. 요즘 떠오르는 이슈 중에 '도수치료'도 있다. 의료수가가 정해진 치료 분야도 아니고, 어떤 증상에 대해 몇 회 정도가 적정한지에 대한 구체적 기준도 없다. 상황이 이렇다 보니 보험사로서는 지나치게 횟수가 많다면서 보험금 지급을 거부하기도 하고, 소비자는 병원에서 의사가 시키는 대로 치료받았을 뿐이라고 항변한다. 실제로 보험사가 공개한 개인별 도수치료 보험금 지급 총액을 보면 깜짝 놀랄 것이다. 이 밖에도 최근 확대되고 있는 로봇 수술도 보험 분쟁 도마 위에 오르고 있다. 로봇 수술은 아직 비급여인 데다 금액이 고가인 경우가 대부분인데, 보험사에서 무조건 인정하지 않고 보험금 지급을 거부하면 소비자는 로봇 수술을 추천한 의료기관과 보험금을 못 주겠다는 보험사 사이에서 난감한 상황에 부딪힐 수밖에 없다. 참으로 어려운 책임 전가 게임이 전개되는 양상이다.

이와 같은 문제에 대응해 보험사가 직접 의료기관을 상대로 부적절한 시술을 문제 삼아 배상 청구를 하려는 시도도 있었다. 민법 제404조에 명시된 '채권자대위권'을 적극 활용한 것이었다. "채권자는 자기의 채권을 보전하기 위하여 채무자의 권리를 행사할 수 있다"는 규정인데, 이에 근거해 채권자인 보험사가 채무자인 피보험자(소비자)를 대신해 의료기관에 부적절한 시술에 대한 배상 청구(부당이득 반환 및 손해배상)를 했다. 대법원이 이 사건을 이례적으로 공개 진행까지 하면서 큰 이슈가 됐다. 그러나 이 시도는 민법상 채권자대위권 행사의 요건을 갖추지 못했다는 이유로 기각됐다. 게다가 보험사에 대한 의료계의 반발도 작지 않았다. 내가 보기에도 현행법상 무리한 시도로 보인다. 그렇지만 언제까지 이런 문제를 의료기관과 보험사 사이에 낀 소비자의 부담으로만 돌려야 할까?

로또 당첨 번호 예측 서비스 분쟁: 사기의 진화

소비자분쟁조정위원회의 조정 사건 가운데 로또 당첨 번호 예측 서비스 분쟁이란 것도 있었다. 엄밀히 말하자면 금융 분쟁이라기보다는 전자상거래나 서비스 제공 분쟁이라고 할 수 있지만, 다음에 소개할 유사 투자 자문 분쟁과 묶어서 살피면 금융 분쟁을 이해하는 데 도움이 되기에 소개한다.

한국소비자단체협의회 자율분쟁조정위원회에 있을 때도 가끔 맞닥뜨렸던 사건이다. 1년에 5만 원 정도 내면 매일 로또 번호를 문자 메시지로 받는 서비스가 있었다. 로또 번호 6개를 정하기 귀찮아하는 사람들에게 대신 무작위로 번호를 정해주는 서비스였다. 그런데 서비스 금액이 점점 커져서 몇백만 원이 되고 심지어 AI를 활용해 당첨 번호를 맞힌다는 서비스까지 나왔다. 상식적으로도 그렇고, 로또 사업 주체와 경찰청 공식 입장도 당첨 번호는 순전히 우연으로 결정되므로 이를 예측하는 것 자체가 말이 안 된다는 입장이다. 그런데도 사람 마음이란 게, 지푸라기라고 잡고 싶어 하는 어려운 처지인 사람들에게는 로또 당첨 번호를 예측한다는 게 하늘에서 내려주는 복음처럼 들렸을 것이다.

이 서비스를 텔레마케팅하는 상담원은 전화를 받는 사람의 목소리 톤을 살펴 경제적으로 궁한 상황에 놓여 있는 것 같으면 더 적극적인 상술을 펼친다.

"고객님, 다음 주에 1등, 적어도 2등인 번호가 저희 AI 시스템에서 나왔어요. 다른 분들한테는 절대로 안 주고 고객님께만 번호를 드릴 테니 100만 원만 입금하시면 돼요. 당첨 안 되면 바로 환불해드리니 전혀 염려하실 필요가 없고, 저희 이상한 데가 아니라 회사니까 정식 계약서도 쓰세요."

그리고 이렇게 쉽게 설득이 되는 사람을 만나면 기회를 놓칠세라 여기에서 한 단계 더 나아간다.

"아, 맞다. 다음 주 것만 아니라 그다음 주 1등 번호도 나왔거든요. 고객님께는 특별히 할인 혜택을 드리니 50만 원 추가 패키지로 하시면 그 번호까지 드려요. 절반으로 할인해드리는 거고, 마찬가지로 당첨 안 되면 곧바로 환불해드리니 아무 걱정 안 하셔도 돼요."

이렇게 감언이설로 꼬드긴 뒤 통신판매 계약으로 얼떨결에 서명하게 한 다음 기어이 100만 원에 50만 원을 더해 150만 원을 송금하게 만든다. 결과는? 당연히 당첨되지 않는다. 이에 실망한 소비자가 약속한 대로 환불해달라고 요구한다. 그러면 회사는 계약서를 제시하면서 당첨이 되지 않으면 환불한다는 조항은 어디에도 없고, 향후 1년간 유지되는 계약이라서 중도에 해지하면 위약금이 더 나온다고 둘러댄다. 당첨되지 않으면 환불해주겠다는 텔레마케터의 약속은 전화로만 들은 것이기 때문에 통화 녹음을 하지 않았다면 달리 입증할 방법이 없다.

이런 사건을 처리하면서 고민했던 부분은 계약 내용 자체가 허무맹랑하므로 "선량한 풍속 기타 사회질서에 위반한 사항을 내용으로 하는 법률행위는 무효로 한다"는 민법 제103조에 따라 무효로 처리하고 부당 이득 반환으로 처리해야 하는지, 아니면 적어도 "사기나 강박에 의한 의사표시는 취소할 수 있다"는 민법 제110조 제1항에 의거해 사기 계약으로 처리해야 하는지였다.

하지만 이렇게 처리하면 위원회로서는 사회 정의를 바로 세웠다는 측면에서 명분은 있겠지만, 사업자 측에서는 분명히 이 판단이 담긴 조정 결정을 수용하지 않을 게 뻔하기에 소비자가 한 푼도 돌려받지 못하는 상황이 되지 않을까 염려됐다. 당사자들이 조정 결정을 받아들여야만 효력이 발생하는 소비자 분쟁 조정의 어려움이 이런 부분이다.

이런 이유로 소비자분쟁조정위원회는 현실적인 방식을 택할 수밖에 없었다. 로또 당첨 번호 예측 서비스 계약 자체를 무효로 판단해 취소 결정을 하기보다는 계약서나 별도 약정 조항에 근거해, 예를 들어 미당첨 시 환불해주겠다는 전화 내용을 녹음한 경우라면 이를 근거로 환불 처리하거나, 일종의 '계속거래'로 보고 관련 법률을 들어 일정 액수라도 환불이 이뤄지도록 했다. 다만 이 경우 조정 결정이 마치 이런 서비스의 적법성을 인정한다고 오해받는 것을 막고자 결정문에 "이 조정 결정은 당사자들의 분쟁을 원만하게 해결하기 위한 목적의 결정일 뿐이며, 사업방식의 적법성을 인정하는 것은 아니다" 식의 문구를 기재했다. 다소 궁색해 보일지 모르나 위원회로서는 소비자의 소중한 재산을 조금이라도 지켜주는 게 더 중요하다고 판단했다.

일화가 하나 더 있다. 한 일간지 논설위원이 로또 당첨 번호 예측 서비스를 심층 취재한다고 한국소비자원이 있는 음성에 방문해서 함께 점심을 먹은 적이 있다. 그때 그의 스마트폰으로 모르는 번호 전화가 왔는데, 공교롭게도 로또 당첨 번호 예측 서비스 텔레마케팅 전화였다. 그는 일단 나중에 전화하겠다고 한 뒤 식사를 마치고 정말로 전화를 걸어서 자세히 물어보고는 급기야 그 회사를 찾아가기까지 했다. 로또 당첨 번호를 AI를 이용해 예측하는 기술로 특허까지 받았다고 자랑하더란다. 믿기지 않아서 알아보니 사실이었다. 그가 이런 게 특허가 되느냐고 물으니 특허청 관계자는 해당 기술에 특허를 인정했을 뿐 당첨 확률과는 상관이 없다고 설명했다. 순간 특허 등록 시스템에 문제가 있다고 느낀 그는 이의를 제기했고, 이후 특허심판원은 특허청이 로또를 비롯한 당첨 번호 예측 시스템에 대한 특허 2건에 대해 제기한 특허 무효 청구를 받아들여 확정했다. 기자 정신이 투철한 논설위원의 노력이 의미 있는 변화를 만들어낸 좋은 사례다. 한편으로 한 언론 기사에 따르면 경찰청이 로또 당첨 번호 예측 서비스 업체를 수사한 결과 해당 회사 임직원들은 이렇게 벌어들인 600억 원의 수익으로 호화로운 생활을 하고 있었다.

예전에는 1년에 5만 원 정도만 내면 매일 로또 번호를 보내주던 장난 같던 서비스가 점점 진화해 감히 특허까지 내고, 1인당 적게는 수십만 원에 많게는 수천만 원까지 편취해 수익이 수백억 원씩이나 되는 지경까지 이르렀다. 어쩌다가 이렇게 됐을까? 무슨 짓을 하든 돈만 많이 벌면 그만이라는 생각, 성공의 기준이 오직 돈으로만 단일화한 우리 사회의 모습을 그대로 반영하는 게 아닐까?

오래전 미국의 한 방송에서 주식 단타 매매로 큰돈을 번 어떤 청년이 평생 교사로 일한 아버지를 향해 "아버지가 평생 번 돈보다 내가 하루에 버는 돈이 훨씬 많다"고 말하며 비웃는 모습을 보고 화가 치밀어 올랐었다. 아버지가 평생 학생들을 가르치면서 느낀 보람과 그 고귀한 가치를 그저 돈으로만 평가하는 녀석을 한 대 쥐어패고 싶었다. 우리도 그런 나라로 변해가고 있는 걸까? 그래서 황당무계한 사기가 비즈니스인 양 성행하고 있는 걸까?

유사투자자문 분쟁: 유사는 가짜의 다른 말

금융권에도 로또 당첨 번호 예측 서비스 못지않은, 사기로 변질할 요소가 충분한 금융 서비스가 있다. 다름 아닌 '유사투자자문업'이다. '자본시장과 금융투자업에 관한 법률'에 따르면 유사투자자문업이란 "투자자문업자 외의 자로서 고객으로부터 일정한 대가를 받고 간행물·출판물·통신물 또는 방송 등을 통해 행하는 금융투자 상품에 대한 투자 판단 또는 금융투자 상품의 가치에 관한 개별성 없는 조언을 하는 업"을 말하는데, 금융위원회에 신고만 하면 사업자등록을 할 수 있는 업종이다.

위 정의대로라면 유사투자자문업은 '개별성 있는 조언'은 할 수 없다. 그러나 일부 유사투자자문업체는 마치 '개별성 있는 조언'을 할 수 있는 투자자문업체처럼, 심지어 로또 당첨 번호 예측 서비스처럼 특정 종목의 향후 주가를 예측해주는 대가로 상당한 금액을 받는다. 특정 종목 주식들을 수시로 추천하기도 하면서 투자수익률이 일정 기준 미만이면 계약 대금의 전부 또는 일부를 환불해주겠다는 약속까지 한다. 방문판매법상 계속거래에 대한 중도해지권 행사를 피하고자 일정 금액을 받고 바로 투자 종목을 알려주는 일회성 거래 방식을 택하기도 한다. 아울러 계약 중도해지 시 주식 투자와 관련한 소프트웨어 프로그램이나 자료 및 동영상 교육 등을 제공했다는 이유를 들어 거액의 위약금을 부과하기도 한다. 어떤 때는 소비자가 유사투자자문업체와 주가 조작에 가세하는 모습도 보여 소비자분쟁조정위원회로서는 과연 이런 경우까지 소비자 피해로 보고 구제해야 하는지 판단이 쉽지 않은 상황을 마주하기도 한다.

유사투자자문 관련 분쟁 조정에서도 소비자분쟁조정위원회는 로또 당첨 번호 예측 서비스 분쟁 때와 똑같은 딜레마에 직면하곤 했다. 계약 자체가 위법하기에 민법 제103조와 제110조 제1항을 근거로 부당이득 반환이나 계약 취소로 처리해야 하는지 고민해야 했다. 위법한 유사투자자문계약이라도 계약으로서는 유효하다는 판결이 있기는 했다.

결국 마찬가지로 유사투자자문 분쟁 사건에서도 우리는 대부분 현실적인 접근 방식을 택했다. 사기 의도가 명확히 인정되는 경우를 제외하고는 계약 자체를 무효로 판단하거나 취소하기보다는 계약서 내용이나 별도 약정 조항에 근거해, 예를 들어 투자 수익률 목표에 도달하지 못한 경우 환불해주겠다는 전화 내용을 녹음했다면 이를 근거로 환불 처리하거나, 일종의 계속거래로 보고 중도해지로 인한 환불이 이뤄지도록 조정했다. 이때도 유사투자자문 서비스의 적법성을 소비자분쟁조정위원회가 나서서 인정하는 것처럼 오해받지 않기 위해 결정문에 "분쟁을 원만하게 해결하기 위한 목적의 결정일 뿐이며, 사업방식의 적법성을 인정하는 것은 아니다"라는 문구를 집어넣었다. 반복해서 말하지만 결국 소비자의 재산을 지키는 일이 가장 중요하다고 믿었기 때문이다.

금융 분쟁에 관한 조언

지금까지 보험과 관련한 소비자 분쟁과 로또 당첨 번호 예측 서비스 및 유사투자자문 서비스 분쟁에 관해 살폈다. 앞서 설명했듯이 로또 당첨 번호 예측 서비스가 금융 서비스는 아니나 유사투자자문 서비스와 일맥상통하는 부분이 많아서 함께 묶었다. 그런데 이렇게 묶고 보니 보험은 예상치 못한 상황에서 '돈을 절약하려는' 목적과 연결되고, 로또 당첨 번호 예측과 유사투자자문은 '돈을 벌려는' 목적과 연결된다. 세 가지 분야 모두 넓은 범위에서는 금융 소비 활동이라고 볼 수도 있는 것이다. 물론 로또 당첨으로 돈을 버는 행위가 금융 활동이라는 게 억지스럽긴 하지만 우리 대다수가 그렇게라도 부자가 되고 싶어 하는 게 현실이라면 현실이니 현실적으로 묶는 것도 꼭 잘못은 아닐 듯하다.

: 소비자를 위한 조언 :

금융 분쟁과 관련해 소비자에게 제안하는 **첫 번째 조언은 보험 상품을 고를 때 자신의 상황과 상품의 특징을 충분히 이해해야 한다는 것이다.** 무엇보다 자신의 상황을 잘 헤아려야 한다. 친구나 친척이 보험설계사라고 도와주려는 마음에 무조건 가입하지 말고 자신에게 정말로 필요한 상품만 들어야 한다. 나도 한때는 주변 지인들 부탁으로 이런저런 보험에 가입했다가 연말 정산 때 보험료 합계를 보고 기절할 뻔했다. 분쟁 조정 때 보면 보험을 저축으로 알고 들었다는 소비자들이 꽤 많이 있는데, 이렇게 주장해봐야 보험 가입 당시 약관과 전화 설명 및 답변 녹음 기록이 있어서 받아들여지지 않는다. 보험은 절대로 저축이나 적금이 아니다. 꼭 필요한 범위에서만 가입하는 것이 좋다. '저축성'이라는 말에 헷갈리면 곤란하다. 보험은 어디까지나 보험이다.

두 번째는 고지의무를 가볍게 여겨서는 안 된다는 것이다. 보험에 가입할 때 기존 질병을 알려야 하는데 보험료가 올라갈까 봐 머뭇거리다가 말하지 않는 경우가 많다. '다들 그러니 괜찮겠지' 생각할 수도 있고 보험사에서도 종용하지 않는 편이다. 그렇게 찜찜한 느낌을 받다가 시간이 흘러 잊는다. 그러다가 나중에 막상 보험금 받을 일이 생겨 청구했다가 보험계약 시 고지의무 위반이 밝혀져 거부당하면 당황스럽기 그지없다. 계약기간 중 고지의무도 마찬가지다. 자동차 운전을 하지 않았는데 하게 되거나, 오토바이를 몰게 되거나, 하던 일의 업종이 바뀔 때도 보험사에 알려야 뒤탈이 없다. 별것 아닌 듯한 무관심이 큰 손해가 되어 돌아올 수 있는 게 보험이다. 타임머신이 있다면 과거로 돌아가 실수를 만회하고 싶은 심정이 들기도 한다. 분쟁 조정을 신청하거나 소송하는 방법이 있지만, 그 과정이 너무 힘드니 사전에 문제가 일어나지 않도록 확실히 해두는 게 좋다.

세 번째는 "실손보험 될걸요?"라는 병원의 말을 무턱대고 믿지 말라는 것이다. 실손보험으로 처리가 안 될 수 있음을 명심하고 꼭 필요한 치료라면 적절한 금액으로 받으면 된다. 나중에 보험금 못 받았다고 의사나 간호사 탓을 해도 소용없다. 그들은 보험 전문가가 아니다. 아울러 보험금 받겠다고 진료 내용이나 병명을 사실과 다르게 기재하면 '절대로' 안 된다. 자칫하면 보험 사기 범죄자가 된다. 보험금은 보험회사의 돈이 아니라 모든 보험 소비자의 돈임을 잊지 말아야 한다. 이 돈을 속여서 받는 행위는 범죄이고 사회적으로 지탄받아 마땅하다.

네 번째는 쉽게 돈 벌 수 있는 방법은 세상에 없다는 사실이다. 너무나도 당연한 말이지만, 살다 보면 이 진실을 망각하는 경우가 꽤 많다. 로또 당첨 번호를 예측한다는 자체가 어불성설이다. 이런 서비스 자체를 멀리하자. 만약 예측할 수 있다면 자기들이나 억만장자가 되면 되지 왜 그걸로 사업을 하는가? 왜 그 소중한 정보를 굳이 다른 사람들에게 팔려고 하나? AI도 나왔으니, 이제는 조만간 양자컴퓨터로 예측한다는 소리도 나올 것이다. 혹시 몰라 말하지만, 양자컴퓨터도 우연을 예측할 수는 없다.

유사투자자문 서비스도 마찬가지다. 나도 주식 투자 공부한다고, 경제 흐름에서 기회를 잡는다는 매크로 투자에 관심이 생겨 피터 나바로(Peter Navarro)의 《브라질에 비가 내리면 스타벅스 주식을 사라(If It's Raining in Brazil, Buy Starbucks)》 같은 책을 사서 열심히 읽기도 했다(제목도 기가 막혔다). 읽다 보니 나도 왠지 거시경제 흐름만 잘 타면 주식으로 쉽게 큰돈을 벌 수 있을 것 같았다. 하지만 부록인 '매크로 투자에 유용한 정보' 목록을 보고는 힘들겠다고 생각을 접었다. 부록은 매크로 투자를 위한 책, 신문,

잡지, 종목 선별 서비스, 웹사이트 목록을 7쪽에 걸쳐 소개하고 있는데, 그마저도 샘플이고 일부에 불과하단다. 한마디로 전업이 아니면 꿈도 못 꾸는 일이다. 바쁜 내가 어느 세월에 이런 것들을 다 공부해서 따라 할 수 있겠는가? 그래서 펀드 매니저처럼 이런 일을 대신 해주는 직업이 있나 보다.

그러나 유사투자자문 서비스에서 일하는 사람들은 이런 부류가 아니다. 주식 리딩방에서 종목을 추천하는 사람들 정체가 무엇일까? 어떤 공부를 했고, 어떤 학위를 받았고, 어떤 경력과 자격을 갖추고 있을까? 일전에 유사투자자문 회사의 법률대리인으로 일하는 변호사를 만날 기회가 있어서 평소 궁금하던 차에 주식 리딩방의 그 사람들이 누구냐고 물어봤다. 그의 대답은 몇 개월 교육받은 영업 직원이라는 것이었다. 모든 유사투자자문 회사가 잘못됐고 사기꾼이라는 이야기는 아니다. 법률이 인정하는 업종이니만큼 서비스를 성실히 제공하는 곳도 있을 것이다. 그렇더라도 소비자 피해가 발생하는 불법 서비스는 우리가 먼저 경각심을 가질 필요가 있다.

한 가지만 더 조언, 아니 경고하자면, 주식 리딩방에 잘못 끼어들면 주가 조작의 공범이 될 수도 있다. 합당한 이유 없이 특정 주식이 갑자기 오르는 데 일조할 수도 있고, 황당무계한 사람들과 한통속이 될 수도 있다. 어떤 주식 리딩방에서는 아프리카돼지열병(ASF)이 퍼지면 주가가 오를 만한 회사들의 주식을 매수하도록 권유하자 그 채널에 있는 사람들 모두가 전국에 그 병이 퍼지도록 기원하고 있었다. 방산업체 주가가 오른다면 전쟁이 터지기를 바라고도 남을 사람들이다. 미친 작자들이 아닌가? 이런 사람들과 한통속이 된다.

: 사업자를 위한 조언 :

당연하게도 다른 사업자면 몰라도 로또 당첨 번호 예측 서비스나 불법적인 유사투자자문 서비스 사업자를 위한 조언은 없다. 당장 그만두라고 강력히 요구할 뿐이다. 적법한 유사투자자문 회사는 제외하고 말이다. 그렇기에 여기에서의 사업자는 보험사로 국한한다.

금융 분쟁과 관련해 사업자(보험사)에게 제안하는 **첫 번째 조언은 소비자에게 보험 가입을 권유할 때 더 확실히 설명하도록 노력해야 한다는 것이다.** 분쟁이 일어나면 피곤하기는 보험사도 마찬가지다. 나는 생명보험 광고 심의 위원회 위원으로도 수년 동안 활동했고, 소비자분쟁조정위원회 위원장으로서 보험 관련 분쟁 사건도 많이 진행했다. 그런데 이렇게 경험이 많아도 특정 보험상품의 구조를 정확히 이해하기란 쉽지 않다. 게다가 소비자의 고지의무라든지, 보험사의 약관 설명의무라든지 하는 것들은 일반적인 소비자로서 이해하기 어렵다. 2024년 8월부터 금융소비자보호법이 시행됐어도 보험상품 광고나 설명서에 깨알 같은 문구가 몇 개 더 들어간 것 말고는 크게 달라진 것도 없어 보인다. 그마저도 TV 보험상품 광고에서 이런 문구는 잘 보이지도 않는 데다 너무 후다닥 지나가고 목소리도 너무 빨라서 주의 깊게 살필 수가 없다.

하지만 한편으로 보험 광고를 심의하다 보면 정말이지 기가 막힌 방법으로 소비자에게 어려운 내용을 잘 설명하는 광고도 발견하게 된다. 이런 광고는 특별히 상을 주고 널리 알려서 귀감이 되게 할 필요가 있다. 보험사들이 그저 기본적인 법률적 요구만 적당히 맞추는 바닥치기 경쟁이 아닌 최고를 위해 경쟁하도록 독려해야 한다고 정부에 건의한 적도 있다.

보험사를 비롯한 모든 금융사가 이런 경쟁을 했으면 좋겠다. 오프라인이든 온라인이든 금융 소비자가 금융상품의 특징, 유리하거나 불리한 계약 조건, 유의 사항 등을 문서, 동영상, 챗봇 그리고 전문 담당 직원의 친절한 상담 등을 통해서 더 잘 이해할 수 있도록 필요한 투자와 노력을 아끼지 말아야 한다.

두 번째는 소비자 관점에서도 분쟁을 바라봐야 한다는 것이다. 보험 분쟁 조정을 할 때 보험사 담당 직원이 조정 회의에 참석하는 경우가 많아서 늘 고맙게 생각했다. 조정 회의에 출석한 직원이 해당 보험상품의 취지와 역사, 보험사 관점에서의 애로 사항을 설명해줘서 큰 도움이 됐다. 다만 아쉬웠던 점은 기본적으로 보험사 입장에서만 획일적으로 사건을 바라본다는 것이었다. 이해하지 못할 바는 아니지만, 보험사가 해당 사건에서 소비자의 특별한 사정을 고려하지 않은 채 획일적 잣대로 청구를 거부함으로써 결국 법원의 최종 확정 판결로만 분쟁이 마무리되는 상황을 보며 안타까운 마음이 들었다. 소비자 개인이 보험금을 받기 위해 무려 3심까지 소송을 진행해야 한다는 게 얼마나 힘든 일인가? 법률을 직업으로 하는 나 같은 사람도 소송 절차가 부담스러운데 일반 소비자는 오죽할까? 분쟁 중이어도 고객은 고객이다. 물론 보험 사기는 철저히 막아야 하고 보험금이 아무렇게나 지급되는 일이 있어서는 안 되지만, 무조건 보험사나 보험업계의 입장 때문에 소비자의 요구를 가벼이 치부해서는 안 될 것이다.

보험업계가 섣불리 특정 이슈에 대해 공동 입장을 취할 때, 자칫하면 '독점규제 및 공정거래에 관한 법률'에서 금지하는 '카르텔'에 해당한다는 우려의 목소리도 있다. 2023년 5월 〈연합뉴스〉 등의 보도에 따르면 공정거래위원회가 손해보험사들이 보험금

지급 거부 과정에서 담합이 있었는지 조사에 착수해 각각 조사관을 보내 현장 조사를 벌였다. 백내장 수술과 관련한 보험금 지급 거부 과정에서 담합 여부를 살핀 것이었는데, 이런 과정이 잦아지면 보험사들로서도 좋을 게 없으니 조심해야 할 것이다.

세 번째는 소비자가 보험료를 연체하거나 급기야 계약을 해지할 때 그 사정을 살피는 일도 필요하다는 점이다. 2022년 3월 발표한 보험연구원의 〈KIRI 리포트〉에서 "보험계약 해지 전 소비자 신용 활동 행태와 시사점"이라는 의미 있는 분석을 내놓은 적이 있다. 분석 결과 소비자는 보험계약 해지 전 신규대출을 통해 재무적 곤경을 1차적으로 해소한 이후 보험계약을 해지하는 것으로 나타났다. 다시 말해 소비자는 보험계약 해지에 앞서 현금 확보를 위해 담보가 필요하지 않은 카드대출이나 신용대출 등을 주로 받았지, 보험계약대출을 실행한 비율은 그리 높지 않았다. 이를 징조로 봐야 한다. 소비자가 보험계약을 해지하거나 보험료 미납으로 보험사에 의해 계약이 해지되는 상황 이전에 이미 카드대출이나 신용대출을 통하지 않고서는 해결할 수 없는 재정적 곤경에 처한다는 뜻이다. 어떤 소비자는 실업이나 사업 실패로 보험료를 납부하지 못해 결국 계약이 해지됐는데, 공교롭게도 그 직후 가족이 중병에 걸려서 사망하기도 한다. 오랫동안 보험료를 납부하고도 해지 이후 시점이라 정작 꼭 필요할 때 보험 혜택을 보지 못하는 것이다. 이럴 때 보험사가 어떤 태도를 보이는 게 좋을까? 법률적으로 문제없고 어쩔 수 없는 일이니 나 몰라라 해야 할까?

대다수 보험사가 친구 같은 보험을 표방하지 않는가? "어려울 때 친구가 진정한 친구"라는 속담도 있고, "눈 속에 있는 사람에게 땔감을 보내준다(雪中送炭/설중송탄)"는 사자성어도 있다. 그런데 금융권에서는 "비 올 때 우산 뺏는" 것을 대단한 비즈니스 원칙처럼 여기는 것 같아서 씁쓸하다. 소비자가 어려운 경제적 여건 때문에 보험료를 납부하지 못하거나 눈물을 머금고 계약을 해지할 수밖에 없을 때 그저 야박하게 약관에 따라 해지 처리하면 그만일까? 비즈니스를 좀 더 거시적으로 바라보면 안 될까? 어떤 부득이한 사정이 있는지 살펴보고 다른 방법을 찾아 도움의 손길을 내미는 것이 장기적으로 회사에 더 큰 이익이 되지 않을까?

: 정부를 위한 조언 :

로또 당첨 번호 예측이나 불법 유사투자자문 서비스에 대해 정부가 여러 조치를 취하고 있다는 사실은 잘 알고 있다. 로또 당첨 번호 예측 서비스를 단속하고자 경찰이 나서서 고군분투하고, 앞서 언급한 것처럼 문제 제기를 수용해 특허청이 특허를 무효 처리하기도 했다. 금융감독원이 불법 유사투자자문 서비스를 근절하기 위해 다각도로 노력한다는 것도 안다. 한국소비자원의 노력으로 불법 유사투자자문 피해가 많이 줄었다는 반가운 소식도 있다.

그렇지만 이와 같은 여러 노력에도 불구하고 로또 당첨 번호 예측 서비스는 지금도 성행 중이며, 불법 유사투자자문은 '주식 리딩방'으로 변질해 여전히 문제를 일으키고 있다. '코인방'이라는 가상화폐 거래 유도 단톡방도 증가 추세다. 이런 것들이 왜 사라지지 않을까? 왜냐하면 소비자는 단순히 소비만 하는 게 아니라 소비를 통해 돈을 벌고 싶어 하는데 이를 충족할 수단은 제한돼 있기 때문이다.

이런 돈벌이 지향의 소비 행태를 서울대학교 소비트렌드 분석센터에서는 서부 시대 미국의 '골드러시(Gold Rush)'에 빗대어 '머니러시(Money Rush)'라고 이름 붙였다. 수익을 다변화·극대화하고 싶은 소비자의 욕망을 표현한 용어다. 이 같은 경향이 심화하는 까닭은 소비 수준에 대한 기대치는 한껏 올라가 있는 데 반해 버는 돈은 한계가 있어서 어떻게든 새로운 수익원을 찾으려고 하기 때문이다. 그래서 여러 가지 일을 하는 이른바 'N잡러'가 되기도 하고, 블록체인 기술을 활용한 NFT(Non-Fungible Token) 투자,

음악 저작권 조각 투자, 부동산 조각 투자, 대출을 통한 레버리지 투자(차입 투자) 같은 것들을 하는 것이다. 공모주 투자에 광풍이 불 때는 빚까지 내서 주식에 투자하는 '빚투'가 유행하기도 했다.

금융 분쟁과 관련해 정부에 제안하는 **첫 번째 조언은 더 안전한 투자로 수익을 기대할 수 있는 여건을 마련해야 한다는 것이다.** 단순히 로또 당첨 번호 예측 서비스나 불법 유사투자자문 서비스를 단속하는 데 그치는 게 아니라 대다수 소비자의 욕망, 즉 추가 수익을 기대하는 투자 수요를 충족할 적법하고 안전한 방법을 제도적으로 마련할 필요가 있다.

고액 자산가들은 은행이나 증권사에서 별도로 운영하는 PB(Private Banker)의 전문 맞춤형 자문으로 투자도 하고 재산도 관리한다. 반면 일반적인 사람들은 펀드 같은 집합투자기구를 통하거나 스스로 알아서 개별 투자를 할 수밖에 없다. 이렇게 충족되지 못한 재테크 수요를 로또 당첨·번호 예측이나 불법 유사투자자문 서비스가 치고 들어오는 것이다.

일전에 국무총리 소속의 소비자 정책 최상위 심의의결 기관인 소비자정책위원회에 참석했을 때 나는 이와 같은 문제를 지적하면서 일반인들도 투자 자문을 쉽게 받을 수 있도록 제도적 지원이 필요하다고 주장했다. 그러자 한 금융당국 관계자가 일반인의 개별 주식 투자는 위험하기 때문에 가급적 펀드 투자 같은 집합투자로 유도해야 한다고 답변했다. 정책적으로 틀린 말은 아니었지만, 이른바 '개미 투자자'가 증가하고 있는 현실과 괴리가 크다고 생각했다.

  그렇다면 어떤 조치가 가능할까? 더 고민하다 보면 여러 가지 방안이 나오겠지만, 한 가지 아이디어는 요즘 심각한 청년 실업이나 조기 퇴직에 따른 실업 문제 해결과 연동하는 방법을 떠올릴 수 있다. 즉, 청년들과 은퇴자들을 상대로 전문적인 주식 투자나 가상화폐 투자 등 재테크 교육을 집중적으로 시행하고 필요한 시험도 신설해 이들이 일반인들, 특히 사회 초년생들과 고령자들의 재테크 자문을 일정 보수를 받고 제공할 수 있도록 하면 어떨까? 이런 시스템이 있다면 재테크에 관심이 많은 사람들이로또 당첨 번호 예측이나 불법 유사투자자문 서비스 같은 사기에 휘말리지 않고 제대로 된 투자 방식을 선택하지 않을까? 물론 기존 투자자문업 허가 요건을 보완할 법률 개정도 필요하고, 더 많은 사람들에게 시장을 개방하는 일이라서 세밀한 검토가 필요할 것이다. 그렇더라도 소비자들의 근본적 욕구를 합법적이고 안전하게 충족할 방안을 정부 차원에서 다양하게 검토할 필요가 있다.

두 번째는 금융 관련 소비자 교육 체계 마련에 더 큰 노력을 기울여야 한다는 것이다. 금융에 대한 이해력을 높이는 '금융 리터러시(Financial Literacy)' 교육을 정부와 금융 관련 협회 등에서 진행하고는 있으나 아직 일반 소비자들이 체감하기에는 부족한 듯 보인다. 소비자 교육이라면 어떤 분야라도 필요하지만, 개인의 재산과 직결되고 내용이 복잡한 금융 소비자 교육은 특별히 더 신경 써야 한다. 전방위적인 금융 소비자 교육을 활성화하기 위해 앞의 제안처럼 청년들과 은퇴자들을 금융 소비자 교육 전문가로 양성하는 방안을 검토할 필요가 있다.

소비자들이 금융 사기나 금융상품 불완전 판매의 희생자가 되지 않도록 하는 적극적인 캠페인도 필요하다. 중국에 방문했을 때 각 호텔 방마다, 엘리베이터마다, 지하철역마다 온라인 사기 방지 주의 사항이 다양한 표현과 방식으로 게시돼 있는 모습을 볼 수 있었다. 이처럼 우리나라도 금융 사기 등을 방지하기 위해 적극적으로 노력해야 한다.

세 번째는 더욱 견고한 소비자 보호 대책이 필요하다는 것이다. 앞서 설명했듯이 의료기관의 의료 행위 타당성 여부와 이에 대한 보험사의 보험금 지급 여부와 관련한 분쟁에서 전문성이 전혀 없는 소비자가 의료기관과 보험사 사이에 끼어 난처한 상황에 부딪

히지 않도록 정책을 강화해야 한다. 보험사가 채권자대위권 제도를 활용해 보험사와 의료기관이 직접 소송 당사자가 되는 것은 현행법상 어렵다. 그렇기에 일종의 대안으로 보험사와 의료기관이 정식 소송이 아닌 분쟁 조정 형태로 문제를 해결하는 방식을 보강할 필요가 있다. 소비자까지 포함하는 3자 분쟁 조정도 시도할 만하다.

도수치료에 대한 보험금 지급 여부나 백내장 수술에 대한 입원 보험금 지급 여부 같은 분쟁은 관련 의학학회와 보험협회 그리고 소비자단체가 모두 함께 협의해 적정 기준을 마련하는 일이 필요하다. 적정 도수치료 횟수, 백내장 수술에서 입원이 필요한 상황, 보험금 지급 기준 등을 현실에 맞게 새로 규정하면 좋을 것이다. 의료 개혁을 정부 당국이 일방적으로 정하는 것보다 더 합리적이고 설득력 있는 방안이 나올 수 있다고 생각한다.

제5장

소비자를 위한 나라는 없는가?

집단 분쟁

오랫동안 읽고 싶었던 아베 피에르(Abbe Pierre) 신부님의 《단순한 기쁨(Memoire d'un Croyant)》, 그리고 소프트웨어 프로그래머 출신으로 대만 디지털 담당 정무위원(장관)이 된 오드리 탕(Audrey Tang/唐鳳)의 《프로그래머 장관 오드리 탕, 내일을 위한 디지털을 말하다((The Future of Digital Innovation)》도 많은 생각할 거리를 제공했다. 산책길에는 좀 멀리 있는 서점에서 오랜만에 이상문학상 작품집도 샀다.

그리고 어제는 새로운 시도를 해봤다. 한강변에서 산책할 때 책을 들고 나가 1시간 정도 걸은 뒤 지하철역 옆 카페에서 1시간 정도 읽고 돌아왔다. 처음에는 음악 소리가 귀에 거슬렸지만, 곧 적응해 모종린 교수의 《골목길 자본론》을 마저 읽고, 제47회 이상문학상 대상작인 조경란 작가의 단편소설 《일러두기》도 다 읽을 수 있었다. 책을 읽다가 카페 앞 통창을 바라보니 담장에 녹색 넝쿨이 어우러져 눈의 피로를 덜어줬다.

너무도 복잡하고 내가 통제할 수 없는 상황 속에서 어쩌면 기도와 독서가 나에게 위로가 되고, 또 어쩌면 앞으로 살아나갈 기회를 열어줄지도 모르겠다. 피에르 신부님이 말씀하신 대로 "인간은 자유로이 선택할 수 있는 존재이나, 그 자유는 사랑을 선택하기 위한 자유"다.

_2024년 6월 23일 일기

나는 2024년 1월에 열린 소비자분쟁조정위원회 위원장 특강에서 이렇게 강조했다.

"우리 함께, 어떠한 상황에서도, 소비자들에게 더욱 도움이 됩시다."

아마도 소비자 집단 분쟁 조정 제도에 대해 대부분 잘 모르고 있을 것이다. 소비자기본법 제68조(분쟁 조정의 특례) 제1항에 따르면 "국가·지방자치단체·한국소비자원·소비자단체·소비자 또는 사업자는 소비자의 피해가 다수의 소비자에게 같거나 비슷한 유형으로 발생하는 경우로서 대통령령이 정하는 사건에 대하여는 조정위원회에 일괄적인 분쟁 조정을 의뢰 또는 신청"할 수 있다. 대통령령이 정하는 사건이란 보통 재화 등으로 인한 피해가 같거나 비슷한 유형으로 발생한 소비자 수가 50명 이상이고, 사건의 중요한 쟁점이 사실상·법률상 공통되는 요건을 충족하는 사건을 말한다. 이 집단 분쟁 조정의 결과는 이를 수락한 당사자들에게만 효력을 미치는 것이 원칙이지만, 조정위원회는 사업자가 조정위원회의 집단 분쟁 조정의 내용을 수락했다면 조정 당사자가 아니라도 피해를 본 소비자를 위한 보상계획서를 작성해 조정위원회에 제출하도록 권고할 수 있다. 다시 말해 사업자가 동의하면 집단 분쟁 조정 절차에 참여하지 않은 피해 소비자들도 보상을 받을 길이 열리는 것이다.

소비자 집단 분쟁 조정은 다른 분쟁과 비교해 더 특별하다. 우선 신청인이 엄청나게 많다. 신청인만 해도 몇천 명이 기본이고, 신청하지 않은 피해 소비자까지 합치면 몇만 명이 될 수도 있다. 그리고 과정이 매우 복잡하다. 관련 거래 구조도 복잡하고 당사자들 사이의 관계도 복잡하다. 이를 파악하는 데만 긴 시간과 큰 노력이 필요하다. 조정안을 내기도 어렵다. 신청인 한 사람 한 사람마다 동의 여부를 미리 물어볼 수도 없고 피신청인의 의사를 예측하기도 어렵다. 조정위원들의 의견 조율도 쉽지 않다. 그래도 정해진 기한 내에 조정안을 내야 한다. 무엇보다 신청인들, 피신청인들, 그리고 이런 집단 분쟁은 전국적인 관심을 받는 경우가 대부분이라 국민이 조정 결과를 기다린다.

그래서 농담 반 진담 반으로 "집단 분쟁 조정이 이렇게 복잡하고 힘들 줄 알았다면 위원장 자리를 맡지 않았을 것"이라고 푸념하기도 했다. 하지만 돌이켜 생각하면 내 인생에서 가장 보람 있는 순간들이었다. 동시에 가장 안타까운 순간들이었다. 매일 기도할 수밖에 없었다. 종종 찾아 시청하는 미국 교회의 온라인 예배에서 목사님이 설교 중에 이런 농담을 한 장면이 떠올랐다.

"정부가 학교에서 기도를 금지한다고 하는데, 저는 걱정하지 않습니다. 학교에 시험이 있는 한 학교에서 기도는 사라지지 않을 테니까요."

내 경우에는 집단 분쟁 조정 사건이 딱 그랬다. 진행하고, 마무리하고, 새로운 사건이 올라올 때마다 제발 어떻게든 소비자들에게 도움이 되게 해달라고 기도했다. 기도가 모두 응답을 받았는지 지금은 확실히 말할 수 없다. 내 임기 중에 진행된 세 건의 대규모 집단 분쟁 조정 사건 가운데 한 건은 다행히 조정이 잘 성립됐고, 두 건은 아직 피해 소비자들에게 큰 도움이 되지 못하고 있다. 매우 안타깝다. 여러분도 익히 들어봤을 사건들이다.

메이플스토리 확률 조작 사건 집단 분쟁: 따로 또 같이

개인적으로 게임에 대해 별로 좋은 기억은 없었던 것 같다. 어린 시절 방학 때 게임을 열심히 하면 꼭 그다음 학기에 성적이 떨어져 후회했고, 아버지가 된 후로는 아이들이 게임에 빠져 성적이 나빠질까 봐 걱정하곤 했다.

하지만 이런 내 선입견을 깨뜨린 책이 있었다. 서울대학교 인지과학연구소 이경민 교수팀이 쓴 《게임하는 뇌》라는 책이다. 게임이 청소년의 뇌 건강이나 발전에 좋지 않다는 선입견에 대해 다양한 과학적 근거로 문제를 제기하는 한편, 오히려 게임을 통해 분석과 판단 능력을 키울 수 있다는 장점을 설득력 있게 설명했다. 물론 게임을 즐기면서도 서울대에 합격한 사례에서처럼 게임 시간을 스스로 잘 통제하는 게 가장 중요할 것이다.

내가 이 책에서 가장 관심 있게 읽은 부분은 여러 사람이 함께 참여하는 게임에서 사람들이 어떤 행태를 보이는지 분석한 대목이었다. 각자 따로 노는 것 같으면서도 필요할 때는 적극적으로 협력하는 모습을 보이는데, 저자들은 이를 '따로 또 같이'라고 표현했다. 어쩌면 현재를 사는 사람들, 특히 젊은 청소년과 청년들의 심리를 대변하는 게 아닌가 하는 생각이 들었다. 각자 사생활을 존중하면서도 함께해야 할 목표나 대의가 있으면 적극적으로 뭉치는 모습, 그것이 실제로 어떤 모습일지 궁금했다.

그런데 나는 이런 모습을 온라인 게임 메이플스토리 아이템 옵션 확률 조작 사건을 처리하면서 실제로 목격했다. 두 가지 측면에서였다. 하나는 피해를 본 게임 소비자들(게이머들)이 각자의 생활 속에서 따로 살고 있다가 이 사건을 계기로 뭉쳐서 서로 의견을 개진하고 조정 절차 방향을 실질적으로 주도해나가는 모습을 통해서였다. 또 하나는 소비자분쟁조정위원회와 양측 당사자가 서로 따로 움직이는 것 같아도 사실 같은 방향을 향해 함께 나아가는 모습을 통해서였다. 누군가 좋은 협상은 칼싸움이 아니라 춤과 같다고 말했는데, 이 사건은 각자 춤을 추면서도 결국 같은 방향으로 함께 움직인 좋은 사례가 아니었나 싶다.

이 사건에 대해 잘 모를 수 있으니 우선 간략히 설명하겠다. 내가 이해하기로 메이플스토리는 2002년 클로즈베타를 시작해 국내에서 가장 오래 서비스 중인 온라인 대규모 다중 사용자 역할

분담 게임(MMORPG)이다. 다양한 직업군이 있고, 그만큼 아이템도 많다. 게이머들은 게임 내 활동을 통해 아이템을 얻는 것 말고도 '큐브'라 부르는 유료 아이템을 구매해 자기 캐릭터 장비 아이템의 잠재력 옵션을 변경하거나 상위 등급으로 강화할 수 있다. 하지만 이 큐브는 어떤 능력을 어느 정도 강화한다고 정해진 아이템이 아닌 무작위 확률형 아이템이다. 큐브 종류마다 확률이 균등하게 적용된다고만 알려져 있었다. 이런 메커니즘을 갖고 있는 게임이다 보니 소비자들로서는 이 큐브로 자기가 원하는 잠재력 옵션을 올릴 수 있는 확률이 어느 정도인지 관심을 가질 수밖에 없다. 그런데 출시 초기에는 균등하게 설정해놓았던 큐브의 인기 잠재력 옵션 확률을 아무런 공지 없이 운영사인 넥슨에서 게이머들에게 불리하도록 변경했다는 사실이 드러났고, 이후 엄청난 파장을 불러일으켰다. 이 사건의 추이를 시간 순서대로 정리하면 다음과 같다.

- 2010년 5월 13일: 메이플스토리 운영사 넥슨이 유료 판매 아이템 '큐브'를 도입(당시 옵션 출현 확률 균등 설정).
- 2010년 9월 15일: 공지 없이 큐브 인기 옵션 확률이 하락하도록 변경.

- 2011년 8월 4일: 선호도가 높은 특정 옵션 조합이 나오지 않도록 확률 구조 재변경(2021년 3월 4일까지 지속) 후 '큐브 기능에 변경 사항 없음'으로 거짓 공지.

- 2013년 7월 4일: 장비 최상급인 '레전드리' 등급 및 '레드큐브'와 '블랙큐브' 아이템 출시(당시 블랙큐브의 레전드리 등급 상승 확률은 1.8%).

- 2013년 7월~12월: 공지 없이 확률을 조금씩 낮춰가는 방식으로 블랙큐브의 레전드리 상승 확률을 1.4%까지 하락시킴.

- 2016년 1월: 공지 없이 블랙큐브 레전드리 상승 확률 1%까지 하락 변경.

- 2021년 3월 5일: 확률형 아이템의 확률 공개(큐브 누적 매출액 약 5,500억 원).

- 2024년 1월 3일: 공정거래위원회가 전자상거래법 위반으로 넥슨에 시정 명령 및 과징금 116억 4,200만 원 부과.

- 2024년 3월 4일: 피해 게이머들이 손해배상 및 기타 합리적 보상을 요구하는 집단 분쟁 조정을 신청.

전자상거래법 제21조 제1항 제1호는 "거짓 또는 과장된 사실을 알리거나 기만적 방법을 사용하여 소비자를 유인 또는 소비자와 거래하거나 청약철회등 또는 계약의 해지를 방해하는 행위"를 금지하고 있는데, 이에 따라 공정거래위원회는 사업자가 소비자에게 공지하지 않고 인기 잠재력 옵션이 나올 확률을 변경하거나 특정 큐브의 잠재력 등급 상승 확률을 하락시킨 행위를 "기만적 방법으로 소비자를 유인 또는 거래한" 행위로 본 것이다.

이전에 콘텐츠분쟁조정위원회 조정위원으로 활동할 때 유료 게임 아이템과 관련한 분쟁 조정을 성공적으로 수행한 경험이 있어서 크게 낯설지는 않았지만, 소비자분쟁조정위원회에 와서 이렇게 대규모로 아이템 확률 조작 집단 분쟁 조정을 하게 되리라고는 예상하지 못했다. 콘텐츠분쟁조정위원회에는 집단 분쟁 조정 절차가 없기 때문에 이쪽으로 배정됐을 것이다.

어쨌든 큰 부담감 속에서 맡게 사건을 해결하기 위해 먼저 게임 구조와 큐브 및 잠재력 옵션의 메커니즘을 공부(?)해야 했다. 그래서 본격적으로 쟁점을 논의하기 전 기술적인 사항들을 파악하고자 별도의 모임을 여러 번 가졌고, 그 이후에 비로소 신청인 참여단 미팅과 피신청인 사업자와의 회의를 진행했다.

신청인들만 해도 5,000명 이상이라 대표 참여단을 모집해 간담회를 가졌다. 참여한 이들 모두가 이 게임에 많은 추억이 있고 그동안 운영 방식도 무척 신뢰했는데 이번 사건으로 믿음이 무너져 큰 실망감을 토로했다. 어떤 신청인은 사건 이후로 게임 자체를 하지 않게 됐다고 말하기도 했다. 간담회에 참석하려고 일부러 연차휴가까지 내고 온 이들도 있어서 더 큰 책임감을 느꼈다. 막바지에 이르러 조정 결정문을 작성할 때 신청인들의 불만과 주장을 최대한 생생히 기재하도록 해서 이들의 참여가 헛되지 않도록 하는 동시에 피신청인 사업자가 두고두고 명심하도록 했다.

신청인 참여단의 적극적인 의견 개진과 피신청인 사업자의 능동적인 조정 참여로 피신청인 사업자가 각각의 신청인들에게 레드큐브는 사용액의 3.1%, 블랙큐브는 6.6%를 현금 환불이 가능한 형태의 넥슨 캐시로 지급하라는 조정 결정을 할 수 있었다. 구매액이 아닌 사용액을 기준으로 환불 금액을 정하게 된 이유는 큐브 구매 후 사용하지 않고 재판매한 것까지 보상하는 것은 적절하지 않다는 데 신청인 참여단과 공감대가 형성된 덕분이었다. 현금이 아닌 넥슨 캐시라는 게임 재화로 환불하도록 결정한 것은 피신청인 사업자가 수수료를 면제하기로 해서 실제 현금 보상과 차이가 없기 때문이었다. 아울러 사업자의 자발적 보상을 장려하는 차원에서 사업자가 2021년 5월 자체 보상한 금액의 70%는 공제하기로 했다.

이 조정 결정은 피신청인 사업자는 물론 신청인들 대다수가 수용한, 우리나라 소비자 분쟁 조정 역사상 가장 성공적인 사례로 남았다. 나아가 사업자가 분쟁 조정을 신청하지 않은 피해 소비자들에게도 같은 기준으로 보상해 결과적으로는 약 80만 명이 약 219억의 보상을 받게 된 기록도 남겼다. 바람직한 결과를 이끌어내기 위해 애쓴 수많은 이들에게도 매우 고마웠고, 이 집단 분쟁 조정을 주관한 사람으로서 커다란 보람도 느꼈다. 그러나 이어서 소개할 또 다른 집단 두 건은 지금까지도 매우 안타까운 기억으로 남아 있다.

머지포인트 사태 집단 분쟁: 제가 아우를 지키는 사람입니까?

성경의 역사관에서 보면 아마도 인류 최초의 소비자 문제는 하와가 몰래 선악과를 먹은 사건일 것이다. "그것을 먹는 날, 너는 반드시 죽는다"고 말씀하신 열매를 간교한 뱀이 "그 열매를 먹기만 하면 너희 눈이 밝아져서 하나님처럼 선과 악을 알게 될 줄을 하나님이 아시고 그렇게 말하신 것"이라고 오해하게 설명해서 거기에 설득된 하와가 그만 선악과를 먹게 됐다. 잘못된 소비의 결과 아담과 하와는 에덴동산에서 쫓겨났다.

그러나 잘못된 소비의 결과는 여기에서 끝나지 않는다. 죄악이 인간 세계에 들어와 아담과 하와가 낳은 큰아들 가인이 동생인 아벨을 시기해 쳐 죽이는 인류 최초의 끔찍한 살인 사건이 벌어진다. 참고로 이 사건과 관련해 하버드대학교 심리학 교수 스티븐 핑커(Steven Pinker)는 《우리 본성의 선한 천사(The Better Angels of Our Nature)》라는 책에서 당시 세계 인구는 정확히 4명이니 살인율은 25%라고 이야기했다. 이후 수천 년 동안 인류 사회는 발전하면서 이 살인율을 낮춰왔고, 비로소 오늘날과 같은 세상을 이뤄냈다. 어쨌든 이 사건이 일어나고 하나님이 가인에게 "너의 아우 아벨이 어디에 있느냐?"라고 물으신다. 이에 가인은 그 유명한 대답을 하게 된다.

"제가 아우를 지키는 사람입니까?"

이 이야기를 꺼낸 이유는 머지포인트 집단 분쟁 사건을 진행할 때 머지포인트를 판매했거나 머지포인트 판매를 위한 플랫폼을 제공했던 사업자들의 모든 답변이 이렇게밖에 들리지 않았기 때문이다. 물론 사업자가 소비자를 지키기 위해 존재하지는 않으니 이런 항변이 법률적으로 틀린 말은 아닌 데다, 소비자분쟁조정위원장이 법원 판사는 아니므로 내가 섣불리 판단할 수는 없을 것이다. 그런데도 내내 가인의 저 말이 떠올랐다. 일단 이 사건을 간략하게 살펴보기로 하자. 정확한 사실 관계를 위해 한국소비자원 보도자료 내용을 인용했다.

- 신청인들(소비자들)은 2018년 7월~2021년 8월 피신청인 통신판매중개업자가 운영하는 인터넷쇼핑몰을 통해 피신청인 통신판매업자로부터 머지머니 금액권 또는 구독 서비스를 구입하거나, 오프라인 판매자가 운영하는 편의점에서 머지포인트 카드를 구매해, 머지포인트 모바일 앱 회원으로 등록함.

- 소비자들에게 머지머니 금액권 또는 구독 서비스 등을 판매하면서 머지머니 금액권 또는 구독 서비스 등을 이용해 수만 개의 제휴업체들로부터 20% 정도의 할인을 받을 수 있다는 내용을 표시 및 광고함. 참고로 제휴업체 수 관련해서는 관련된 표시·광고에는 "150개 브랜드 70,000여 개 가맹점"에서 "5년 동안 사용 가능하고 다른 이커머스에서도 검증받은 확실한 모바일 상품권"이라고 기재되어 있으며, 다른 표시·광고에는 가맹점(제휴업체) 숫자가 55,000개로 기재되거나 65,000개로 기재되어 있음. 한편 검찰 공소장에는 가맹점(제휴업체) 숫자가 65,000개로 기재되어 있음.

- 2021년 8월 11일 머지플러스㈜가 신청인들이 구매한 머지머니 금액권, 구독권 서비스 또는 머지포인트 카드를 사용해 할인 혜택을 받을 수 있는 제휴업체를 '음식점업'으로 제한하는 조치를 취함. 이러한 조치 및 이러한 조치가 야기한 거래상 혼란으

로 인해 할인 혜택을 받을 수 있는 제휴업체의 수가 대폭 축소되어 원래 약정됐던 할인 서비스의 이용이 사실상 불가능해짐.
- 이에 신청인들(피해 소비자들)이 구매한 머지머니 금액권, 구독 서비스 및 머지포인트 카드 대금의 환불 또는 손해배상을 요구함.

문장도 딱딱하고 해서 이게 무슨 이야기인가 싶을 것이다. 내가 재구성한 사건 전개는 이렇다. 다만 이 이야기는 가장 주된 피신청인인 머지플러스 창업자들의 설명을 직접 들을 기회가 없었기에 순전히 내가 주관적이지만 가능한 범위 내에서 추정한 것이다.

한 창업가 무리가 가능한 한 많은 곳에서 큰 폭으로 할인받아 제품이나 서비스를 구매할 수 있는 온·오프라인 할인 구매 쿠폰을 판매하면 좋은 비즈니스 모델이 되리라고 생각했다. 그렇지만 자신들은 신생기업이라 자체적으로 할인 구매 쿠폰을 발행해 판매할 능력도 없고 그 쿠폰을 사용할 제휴업체를 섭외하기도 어려웠다. 그래서 기프트콘 발행을 업으로 삼고 있는 기업들, 흔히 '콘사'라고 부르는 곳들을 찾아 도움을 구했다. 이야기가 잘돼서 이들 콘사가 할인 구매 쿠폰을 발행하고 자신들이 이미 입점해 있는 대형 온라인 플랫폼에 판매하기 시작했다. 나아가 할인 구매 쿠폰을 사용할 또 다른 제휴업체도 추가로 섭외해줬다. 그 결과 전국 수만 개 매장에서 20% 정도 할인받아 제품 등을 구매할 수 있는 기반이 확보됐다. 주로 온라인 플랫폼에서 판매됐고 일부는 오프라인 편의점에서 카드 형태로 판매됐다.

이른바 '대박'이 난 이 회사는 나날이 매출이 높아지던 와중에 이 같은 할인 구매 쿠폰이 전자금융거래법상 '선불전자지급수단'에 해당해 금융위원회에 등록해야 한다는 통지를 금융감독원으로부터 받게 된다. 그런데 등록에 필요한 재무 요건을 맞추기가 어려울 것 같아서 등록 의무가 있는 선불전자지급수단에 해당하지 않을 방법을 취하기로 한다. 등록 의무가 있는 선불전자지급수단은 구매 가능한 제품 또는 서비스 범위가 2개 업종 이상일 경우이니, 이에 해당하지 않도록 자사 할인 구매 쿠폰의 사용 범위를 '음식점업' 하나로 축소해버린다.

그렇게 되자 할인 구매 쿠폰을 구매한 소비자들과 제휴업체에서 큰 혼란이 발생한다. 급기야 음식점업을 영위하던 제휴업체 대다수도 이 쿠폰 사용을 거부하게 된다. 결국 사용처가 대폭 사라진 쿠폰은 실질 가치가 없는 애물단지로 전락했고, 구매했던 소비자들은 큰 손해를 입게 됐다.

당시 나는 할인 구매 쿠폰이 전자금융거래법상 선불전자지급수단에 해당하므로 전자금융거래법상 금융위원회에 등록해야 한다는 통지를 금융감독원으로부터 받은 단계에서 이 회사가 왜 그 사용 범위를 한 군데 업종으로만 축소하는 극단적 조치를 취했는지 이해되지 않았다. 전자금융거래법만 지키면 될 일이었는데 말이다. 처벌이 겁났을까? 그런 조치가 어떤 혼란을 초래할지 모를 정도로 사업 경험이 부족해서였을까? 아니면 경험 없는 비전문가들의 말을 듣고 그런 것이었을까? 내가 그 회사의 법무 대리인이라면 어떻게 조언했을까? 만약 전자금융거래법상 처벌을 어느 정도 받겠다 각오하고 서비스를 그대로 유지했다면 그토록 참혹한 결과를 피할 수 있지 않았을까? 형사 처벌을 면해보려고 소비자 신뢰를 저버린 결과는 그야말로 참혹했다. 검찰 공소장 기준만 해도 무려 56만 8,772명에 대해 2,500억 원이 넘는 엄청난 손해를 입힌 것이다.

소비자분쟁조정위원회가 집단 분쟁 조정 절차를 통해 해결해야 할 과제는 피해를 본 소비자들이 적절한 보상을 받을 수 있도록 하는 것이었다. 도대체 어떻게 하면 56만 명 이상의 소비자가 입은 2,500억 원 이상의 피해를 보상받게 할 수 있을까? 위원장으로 취임한 2022년 1월부터 큰 숙제가 주어진 것이었다.

우선 이 문제를 초래한 머지플러스에 연락했지만, 분쟁 조정 절차에는 일절 응하지 않겠다는 회신만 돌아왔다. 머지플러스 대표 권남희와 임원인 동생 권보군이 구속수감 중인 구치소로 연락해도 매한가지였다. 이들에게 법적 책임이 있다는 사실은 명확했지만, 실질적인 보상을 얻어내기는 어려운 상황이었다.

그래서 다음으로 머지플러스의 의뢰를 받아 머지포인트를 발행하고 판매한 콘사들의 소비자 피해 보상 가능성에 대해서 살폈다. 이들을 불러 몇 차례 회의를 진행했다. 그러나 자신들은 소비자가 앱에 미등록한 포인트에 대해 환불 처리하고 있을 뿐, 이미 앱에 등록된 포인트 환불은 머지플러스만 가능한 데다 자사에 아무런 정보도 없어서 환불 진행이 불가능하다는 입장이었다.

머지포인트 판매가 이뤄진 플랫폼 회사들의 입장도 마찬가지였다. 자신들은 통신판매중개업자이지 거래 당사자가 아니기에 환불 책임이 없으며, 머지포인트 판매 당시에는 제휴업체들에서 정상적으로 사용할 수 있었기 때문에 부당한 표시·광고도 아니라고 했다. 게다가 판매 대금은 이미 머지플러스에 모두 지급했으므로 소비자에게 환불할 대금 자체가 없고, 통신판매업자 쪽 판매분은 충전 바우처로 PIN 코드를 전송한 순간 이행이 완료된 것이기에 계약 내용과도 다르지 않다고 주장했다.

  요컨대 콘사나 플랫폼 모두 책임이 없다는 것이었다. 하지만 큰 그림에서 어떻게 소비자들에게 아무런 인지도가 없는 머지플러스라는 회사가 발행한 할인 구매 쿠폰이 그처럼 대량으로 판매될 수 있었느냐는 근본적 질문에 대한 대답은 하지 못했다. 그리고 쿠폰 발행에 누구보다 많은 경험과 전문성을 가진 콘사가 어떻게 머지포인트처럼 문제가 많은 쿠폰 판매를 대행하게 됐는지, 자체 법무팀도 있고 전문 MD 부서를 운용하는 대형 플랫폼 회사가 어떻게 쿠폰 판매를 중개하게 됐는지, 심지어 대대적으로 광고까지 하면서 그렇게 열심히 움직였는지에 대해서도 설득력 있는 대답을 내놓지 못했다. 솔직히 말해 소비자들은 머지플러스라는 이름은 어디에서도 들어보지 못했고 그저 유명한 대형 플랫폼만 믿고 구매한 게 아닌가? 그런 신뢰를 받고도 어쩌면 그렇게 무관심할 수 있는가? 법률적·논리적 판단을 떠나서 너무나도 실망스러웠다.

  거듭되는 미팅과 조정 회의를 통해서도 피신청인 기업들의 입장에 변함이 없는 상황이라 결국 하는 수 없이 조정위원회에서 여러 사정을 고려해 다음처럼 조정 결정을 내리게 됐다.

피신청인	책임 부담 근거	책임 금액 산정 방식
머지플러스	계약상 할인 서비스 제공 의무 불이행, 약관 위반.	이행 이익 배상 원칙에 따라 잔여 포인트와 구독 서비스로 인해 얻을 수 있었던 이익 금액을 신청인별로 산정.
권남희 권보군	상법 제401조(제3자에 대한 책임)과 제401조의2(업무집행지시자 등의 책임)에 근거해 머지플러스와 연대책임 부담.	머지플러스와 동일한 연대책임 부담.
머지서포터	머지플러스 계열사로서 머지플러스와 함께 사업을 기획하고, 특히 온라인 판매를 담당한 실질적 사업 주체 중 하나이므로 머지플러스와 동일한 연대책임 부담.	머지서포터의 연대책임 범위는 머지머니 금액권 또는 구독권 서비스의 판매 대상인 신청인들의 손해에 국한함. 한편으로 머지서포터의 책임은 고의에 의한 책임으로, 다른 통신판매업자와 달리 책임 금액을 감액하지 않음.
통신판매업자 (머지서포터 제외)	단순 통신판매업자가 아닌 전문 전자상품권 발행업자로서 전자상거래법상 청약철회 대상이 될 가능성, 소비자를 오인시킬 수 있는 표시·광고에 대한 책임, 종래 선례와 비교해 큰 폭의 할인(20% 정도) 서비스를 신생 중소기업이 다수 제휴업체(6만 5,000개 정도)를 상대로 제공하는 데 대한 리스크 검토 및 대책 수립 부족(일부 판매업자의 경우 제휴업체 확대를 지원함), 전자금융거래법상 등록 여부에 대한 검토 및 대책 수립이 부족했던 점을 고려해 일부 책임을 부담하는 것으로 조정.	신청인들에 대한 손해배상액 총액에 대해 본건 전체 매출액(신청인들의 결제액 기준)에서 각 통신판매업자가 판매한 금액의 비중에 따른 금액을 한도로 하되, 고의가 아닌 과실에 의한 소비자 손해 발생임을 고려해 책임 한도를 60%로 제한.

통신판매 중개업자	전문 MD들과 사내 법무팀까지 보유한 대형 플랫폼 사업자로서 소비자를 오인시킬 수 있는 표시·광고에 대한 책임, 종래 선례와 비교해 큰 폭의 할인 서비스를 신생 중소기업이 다수 제휴업체를 상대로 제공하는 데 대한 리스크 검토 및 대책 수립 부족, 전자금융거래법상 등록 여부에 대한 검토 및 대책 수립이 부족했던 점 등을 고려해 일부 책임을 부담하는 것으로 조정.	본건 전체 매출액에서 각 통신판매중개업자가 판매 중개한 금액의 비중에 따른 금액을 한도로 하되, 고의가 아닌 과실로 의한 소비자 손해 발생임을 고려해 책임 한도를 30%로 제한.
오프라인 판매업자	오프라인 판매 전문 MD를 갖추고 있는 편의점 운영업체로서 상품권 판매를 의뢰받으며 종래 선례와 비교해 큰 폭의 할인 서비스를 신생 중소기업이 다수 제휴업체를 상대로 제공하는 데 대한 리스크 검토 및 대책 수립이 부족했던 점 등을 고려해 일부 책임을 부담하는 것으로 조정.	본건 전체 매출액에서 각 오프라인 판매업자가 판매한 금액의 비중에 따른 금액을 한도로 하되, 고의가 아닌 과실에 의한 소비자 손해 발생임을 고려해 책임 한도를 20%로 제한.

이렇게 결정한 다음 마지막으로 판매 회사 및 플랫폼 회사들을 설득하고자 다음과 같은 취지의 내용이 담긴 서신을 각 기업 대표이사 앞으로 발송했다.

기업의 발전과 성공은 소송에서의 승패나 법률 해석이 아니라 기업이 시장에서 소비자의 신뢰를 얻고 유지하는 데 달려 있습니다.

기업이란 완벽한 존재가 아니기 때문에 사업을 하면서 실수도 할 수 있는데, 이 같은 실수를 인정해 적극적으로 자신의 소비자를 보호하고 향후 동일한 실수를 저지르지 않도록 시스템을 개선하는 기업은 소비자 신뢰를 회복할 뿐만 아니라 소비자로부터 더 큰 신뢰를 받게 된다는 사실을 잘 아실 것입니다. 저희 위원회의 이번 조정 결정은 이와 같이 귀사가 귀사의 소비자를 보호함으로써 소비자 신뢰를 회복할 기회를 드리려는 데 그 주된 취지가 있음을 이해해주시기 바랍니다.

이런 서신을 보낸 내 의도는 각 회사의 대표이사들이 이사회 논의 등을 거쳐 단순히 법률적인 부분에만 치중하지 않고 소비자 신뢰를 회복하고 소비자 손해를 분담한다는 측면에서 더 신중하게 결정하도록 하고 싶었기 때문이다. 그렇지만 모든 회사가 법률 근거와 기존 소송에 미치는 영향을 이유로 분쟁 조정 결정을 받아들이지 않았다. 심지어 어떤 기업은 결정문을 받자마자 실무자 선에서 바로 불수락을 통보해왔다. 대표이사에게 제대로 보고라도 했는지 의심스러웠다. 오랜 과정 노력했으나 결과가 좋지 않아 매우 실망했다.

이후 배포한 보도자료에서는 "수차례에 걸친 관련자 간담회를 통해 소비자와 사업자의 입장을 균형 있게 반영"했고, "합리적인 손해배상금 지급 방식을 제안해 조정 결정에 대한 사업자들의 수용 가능성을 제고"했으며, "배상책임의 중심에 있는 머지플러스㈜가 사실상 폐업 상태에 있어 실질적인 소비자 보호를 위해 권남희, 권보군 개인을 피신청인으로 참가시켜 그 배상책임을 인정"했고, "판매업자 및 중개업자의 연대책임을 일부 인정해 기업의 사회적 책임을 강조함으로써 위원회가 소비자 전문 대체적 분쟁해결기구로서 사회적 갈등 해소에 기여하고 ESG 가치를 실현하고자 한 것에 그 의의가 있다"며 자화자찬했지만, 결과적으로 소비자들에게 아무런 도움을 주지 못해 너무나도 안타까웠다. 이 사건은 아직 형사재판이 진행 중이고, 한국소비자원 소송지원으로 피해 소비자들이 머지플러스뿐 아니라 판매사와 플랫폼 회사들을 상대로도 소송을 진행하고 있으나, 이 책을 쓰고 있는 지금까지 피해 소비자들에게 좋은 소식은 나오지 않고 있다. 오히려 지난 2025년 5월 2일 권남희 머지플러스 대표는 가석방됐다.

  이 사건은 당시에는 눈치채지 못했던 미래에 대한 불길한 전조를 보이고 있었다. 머지포인트를 가장 많이 판매한 플랫폼이 어디였을까? 다름 아닌 티몬과 위메프였다. 두 곳을 합치면 머지포인트 전체 매출액의 80% 이상을 판매했다. 문제의 머지포인트를 가장 많이 팔았던 두 플랫폼이 그로부터 2년여가 흐른 뒤 대형 온라인 플랫폼 붕괴를 일으킨 이른바 '티메프 사태'의 주인공이 된 게 과연 우연이라고 할 수 있을까?

티메프 사태 집단 분쟁: 소비자를 위한 나라는 없는가?

눈치챘겠지만 이 장의 제목인 "소비자를 위한 나라는 없는가?"는 에단 코엔(Ethan Coen)과 조엘 코엔(Joel Coen) 형제가 연출한 영화 《노인을 위한 나라는 없다(No Country For Old Men)》에서 따온 것이다. 200만 달러가 든 가방을 쫓는 연쇄 살인마와 그를 추적하는 은퇴 직전의 보안관을 그린 내용인데, 통상적인 스릴러 범죄 영화에서처럼 혹시나 이 노인이 극적으로 살인범을 잡게 되는가 했으나, 역시 제목처럼 결국 아무것도 하지 못하고 세상과 악의 무게 앞에서 노인으로서 무력감만 느낀 채 현실을 받아들이는 장면으로 끝난다(스포일러지만 워낙 오래됐고 유명한 영화니 괜찮겠지).

통칭 티메프 사태, 정확히는 큐텐 정산 지연 사태도 그런 느낌이었다. 티메프는 큐텐이라는 기업의 두 계열사인 티몬과 위메프를 동시에 지칭하려고 언론에서 만든 이름이다. 이 두 온라인 쇼핑 플랫폼 회사가 재정 문제 등을 이유로 자사 플랫폼에서 상품을 판매하는 벤더(vendor) 회사들에 대금 정산을 끊어 이들 공급사와 소비자들에게 막대한 손해를 입힌 사건이다. 지금도 여전히 해결되지 못하고 있다.

처음 이 사태가 터졌을 때는 금융당국이 적극적으로 나서 PG(Payment Gateway/전자지급결제대행) 서비스 회사와 카드사 및 간편결제 서비스 회사들이 환불해주고 소비자들의 피해가 없도록 잘 마무리되리라고, 아무리 늦어도 소비자분쟁조정위원회의 집단 분쟁 조정 결정이 나오면 정부가 업체들에 영향력을 행사해 조정 결정을 수용하게 하지 않을까 기대했었다.

그러나 결국 그렇게 되지 못했다. 소비자분쟁조정위원회의 열정적인 노력과 외부 기대에도 불구하고 티메프 플랫폼에서 여행, 숙박, 항공권 상품 등을 구매한 대다수 소비자는 아무런 보상도 받지 못하게 됐다. 그래서 나는 물을 수밖에 없다. 소비자를 위한 나라는 없는가?

티메프 사건을 이해하려면 우선 티몬과 위메프의 온라인 플랫폼 거래 구조를 이해할 필요가 있다. 이들 플랫폼은 다음과 같은 PG 겸영 오픈마켓 구조를 갖고 있다.

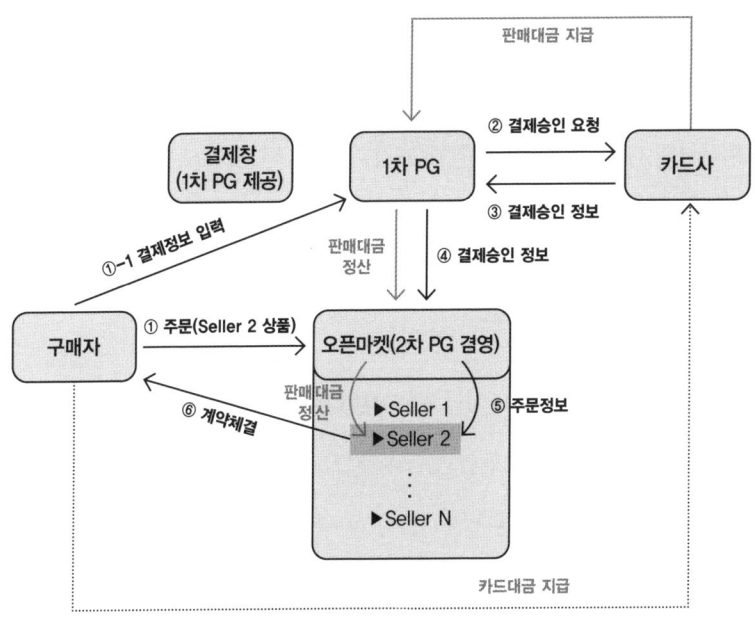

출처: 자본시장연구원, 〈이슈 보고서〉(24-21), 신보성, 〈티몬·위메프 사태의 주요 이슈와 정책 방향〉.

쉽게 말해 소비자들이 결제한 대금이 카드사를 통해 1차 PG에 전달되면 1차 PG는 그것을 2차 PG를 겸영하는 플랫폼 회사에 전달해 이들이 최종적으로 벤더 회사들에 대금을 지급(정산)하는 구조다. 티메프 사태의 본질은 간단하다. 이 정산이 이뤄지지 않아서 문제가 발생한 것이다.

이제 이 사태를 시간 순서대로 살펴서 일종의 복기를 해보자.

왜 이 사태가 기대했던 대로 흘러가지 않고 잘못되고 말았는지 그 단서가 사건 경과 속에 숨어 있다. 사태 추이를 일관성 있게 살피기 위해 이 사건을 꾸준히 조명한 특정 언론 보도를 연이어 정리했다(이해를 돕기 위한 밑줄은 내가 표시했다). 티메프 문제가 기사화하기 시작한 때는 2024년 7월 23일경이다.

티몬·위메프 정산 지연 사태 확산…대형 유통사들도 줄줄이 상품 철수

싱가포르 기반의 e커머스업체 큐텐그룹 계열사인 티몬과 위메프에 입점한 백화점 등 유통사들이 판매를 중단했다. 이달 초 위메프에서 시작한 정산 지연이 대형 판매자들의 이탈로 이어지며 유통업계 전반으로 확산하는 분위기다. 티몬과 위메프는 정산 지연이 일시적인 것이라고 강조했지만, 업계에서는 이번 사태가 큐텐 계열사 전체의 유동성 위기로 번질 수 있다고 보고 촉각을 곤두세우고 있다.

23일 유통업계에 따르면 롯데쇼핑과 GS리테일, 현대백화점 등 대형 유통기업들은 이번주 들어 잇따라 티몬과 위메프에 입점했던 상품 판매를 중단했다. 이달 초 위메프에서 일부 판매자들이 플랫폼으로부터 판매대금을 정산받지 못했고, 최근 티몬에서도 정산 지연 이슈가 불거지자 상품을 일시적으로 내린 것이다.

하나투어와 모두투어, 노랑풍선 등 주요 여행사들도 대금을 정산받지 못하자 티몬과 위메프에서의 여행상품 판매를 잠정 중단했다. 티몬·위메프에 입점한 개별 판매자들도 소비자들에게 환불 신청 안내를 하는 사례가 늘고 있다. 한 여행 상품권 판매자는 "현재 티몬의 대금 입금 지연으로 구매하신 상품의 이용이 제한될 수 있으니 문자 수신 즉시 티몬 측에 환불 신청을 해달라"고 소비자들에 공지했다.

_〈경향신문〉 2024년 7월 23일 기사

티몬과 위메프는 일시적인 정산 지연이라고 변명했지만, 이상한 징후가 확대되기 시작했다. 주요 여행사들이 먼저 움직였고 소비자 환불 신청도 언급됐다.

티메프 '자체 환불 중단'…구영배 대표 행방은 오리무중

28일 티몬과 위메프는 홈페이지에 결제한 상품의 취소를 원하는 고객은 신용카드사를 통해 환불받으라는 공지를 올려놓은 채 자체 환불 절차를 중단다. 티몬·위메프 측은 "신용카드로 상품을 결제했지만 사용하지 못했거나 받아보지 못한 경우 결제 방식에 따라 '이용대금 이의제기 절차'나 '할부계약 철회·항변권'을 사용해

결제대금 취소를 신청할 수 있다"고 설명했다. 성난 소비자들이 몰려들었던 티몬·위메프 본사에서는 지난 25일과 26일 현장 환불이 일부 진행되기도 했으나 자금 부족을 이유로 전날 모두 중단됐다.

이날부터 네이버페이, 토스페이 등 간편결제사들은 결제 취소와 환불 절차를 시작했다. 전자지급결제대행(PG) 업계도 결제 취소 지원에 나설 것으로 보여 소비자들은 일단 피해금액을 환불받을 가능성이 생겼다.

_2024년 7월 28일, 〈경향신문〉

소비자의 대금 환불과 관련해 결제사들의 역할이 부각하기 시작했다. 간편결제 회사들이 환불 진행을 시작하고 PG사도 결제를 취소할 것으로 예상돼 드디어 희망이 보였다.

'티메프 사태' 집단 분쟁 조정 시작돼도 소비자 구제까지 '산 넘어 산'
앞서 소비자원은 다음달 1일부터 '티몬·위메프 사태' 집단 분쟁 조정 신청을 받겠다고 발표했다. 소비자원은 티몬·위메프에서 여행·숙박·항공권을 산 후 청약 철회를 요청했으나 대금 환급이 거절된 경우와 판매자의 계약불이행을 이유로 대금 환급을 요청했으나 거절된 경우 우선 조정 신청을 받기로 했다. 비슷한 유형의 피해를 본 소비자 50명을 넘어서면 조정 작업을 시작한다.

조정 결과가 나오기까지는 여러 난관이 예상된다. 일단 상당한 시간이 걸릴 것으로 보인다. 접수된 신고를 유형별로 분류하는 데에만 수개월이 소요될 수 있고, 추후 입점 업체와 소비자 중 선보상 순위·판매자에게 넘어가 있는 판대 대금 규모 등을 배상 범위와 수준을 정하는 절차도 남아 있어서다. 2021년 머지포인트 사태 때는 9월에 집단 분쟁 조정 신청이 시작돼 이듬해 6월에서야 조정 결정이 나왔다.

_2024년 7월 28일, 〈경향신문〉

여행, 숙박, 항공권에 대해 집단 분쟁 조정 신청을 받기로 했다는 기사가 나왔다. 그런데 이런 의사 결정이 어떤 배경에서 어떻게 이뤄졌는지에 대한 설명은 찾을 수 없다.

'티메프' 사태 소비자들 환불 시작했지만…손실 떠안은 금융권 '정산 지연 확산' 우려

대규모 정산 지연 사태 이후 티몬·위메프 결제 취소를 막았던 전자결제대행(PG)사와 간편결제사들이 금융당국의 압박에 소비자 환불 절차를 28일 시작했다. 티몬으로 결제된 도서문화상품권 주문 취소도 일부 진행됐다. 그러나 티몬·위메프 대신 환불금을 먼저 내주게 된 PG사 등은 나머지 가맹점을 비롯해 금융권이 '정산 지연' 위험이 전이될 수 있다고 우려하고 있다. 소비자 환불이 진행되더라도 티몬과 위메프에서 결제 대금을 받지 못한 판매자들의 문제는 남아 있다.

네이버페이, 토스페이, 카카오페이, NHN페이코 등 간편결제사들은 이날 오전 각사 애플리케이션 등을 통해 티몬·위메프에서 결제한 뒤 상품·서비스 등을 제공받지 못한 소비자를 대상으로 선환불 절차를 시작했다.

네이버페이는 결제·구매 화면 캡처를 첨부하면 48시간 이내 환불 처리가 가능하다고 안내했고, 토스는 자사 데이터로 신청자의 구매 내역 등을 확인해 환불금을 선지급하겠다고 밝혔다. 카카오페이와 페이코는 티몬·위메프와 협력해 취소 절차를 밟아나갈 계획이다.

신용카드 결제 건도 취소가 진행된다. 카드사의 결제 대행을 하는 PG사들도 일단은 오는 29일 오전부터 결제 취소 접수 창구를 연다. 토스페이먼츠는 29일 오전 8시부터 티몬·위메프 환불 관련 이의제기 신청을 받겠다고 공지했다. 다른 PG사들도 29일부터 본격적으로 결제 취소 접수 창구를 열 계획이다.

카드 결제 건의 경우, 다만 '48시간'을 강조한 네이버페이처럼 빠른 처리를 기대하기 어려워 보인다. PG협회 관계자는 "여행 상품 등 소비자 피해가 명확하게 확인된 건은 즉각 처리하겠지만, 많은 경우 티몬·위메프와 협의를 통해 취소 절차가 진행되기 때문에 시간이 오래 걸릴 것"이라고 말했다.

통상 PG·간편결제사들은 환불 절차를 진행할 때, 티몬·위메프 등 전자상거래(이커머스)업체에서 환불금을 받아 소비자에게 전달하는 역할을 한다. 그러나 이번 사태의 경우 티몬·위메프가 지급 불능에 빠지면서, PG·간편결제사들이 소비자 불안을 잠재우고자 먼저 환불 창구를 연 것이다. 이들 업체는 접수된 신청 건을 검토해 소비자 피해가 확인되면 먼저 환불금을 지불하고 차후 소송 등을 통해 티몬·위메프에게 비용을 청구하겠다는 방침이다.

앞서 금융감독원은 10개 PG사 임원을 소집해 결제 취소를 하지 않으면 여신전문금융업법 위반으로 제재 대상이 될 수 있다고 경고한 바 있다. 금융당국 관계자는 "PG·간편결제사들의 선환불 규모가 각 업체의 지급 여력 등을 넘는 수준인지 들여다보고 있다"고 말했다.

PG업계 등 금융권에서는 일단 결제 취소를 진행하고 있지만 향후 문제가 더 커질 수 있다고 우려했다. 제때 정산을 받지 못한 중소상공인의 피해 문제가 여전히 남아 있다. 한 PG사 관계자는 "무조건적 환불·취소로 PG사마저 지급 불능 상황에 빠지게 돼 134만 영세 가맹점을 포함해 이커머스 업계 전반으로 정산 지연이 확산할 수 있다는 우려가 있다"고 말했다.

이날 티몬은 KG이니시스, 나이스페이먼츠 등 PG사의 협조를 얻어 다음 달 발송 예정이었던 도서문화상품권 선주문 건 2만 4,600건을 취소 처리했다고 밝혔다. 취소액은 모두 합쳐 108억 원이다.

_2024년 7월 28일, 〈경향신문〉

결제 취소를 막았던 PG사가 금융당국의 '압박'으로 소비자 환불 절차에 착수했다. 아울러 PG협회 관계자가 여행상품에 대해 '즉각 처리'가 될 것임을 언급했다. 참고로 위 기사에서 언급한 여신전문금융업법은 제19조 제7항의 결제대행업체가 준수해야 할 사항 가운데 "신용카드 회원 등이 거래 취소 또는 환불 등을 요구하는 경우 이에 따를 것"을 가리키는 것이다.

티메프 판매 대금 못 받은 중소기업·소상공인에 5,600억 원 저리 대출

정부가 티몬·위메프로부터 판매 대금을 받지 못한 중소기업·소상공인에게 5,600억 원 규모의 저리 대출을 지원하기로 했다. 유동성 위기에 처한 중소상공인들은 급한 불을 끄게 됐지만, 위메프·티몬의 판매 대금 미정산 책임을 중소상공인들에게 떠넘긴다는 측면에서 근본 대책은 아니라는 지적이 나온다. 현재까지 파악된 미정산 금액은 약 2,100억 원이지만, 향후 정산 기일이 다가오는 거래분까지 감안하면 피해 규모는 커질 것이라는 게 정부 판단이다.

김범석 기획재정부 1차관은 29일 정부서울청사에서 티몬·위메프의 판매 대금 미정산 문제 관련 관계 부처 태스크포스(TF) 2차 회의를 열고 이 같은 방안을 발표했다.

소비자 피해 방지를 위해서는 카드결제 취소 등 신속한 환불 처리를 지원한다. 이미 구매한 상품권에 대해서는 소비자가 정상적으로 사용하거나 환불받을 수 있도록 사용처와 발행사의 협조를 유도하기로 했다. 금융감독원과 한국소비자원은 신속한 피해 구제를 위해 민원 접수 전담 창구를 운영한다. 한국소비자원은 여행·숙박·항공권 분야 피해 소비자를 대상으로 다음 달 1~9일 여행·숙박·항공권 피해 소비자의 집단 분쟁 조정 신청을 접수한다.

_2024년 7월 29일, 〈경향신문〉

소비자에 대한 환불 처리 지원이 언급됐다. 하지만 한국소비자원의 여행, 숙박, 항공권 분야 집단분쟁 조정 신청 접수가 언급되면서 무언가 분리되는 느낌이다.

'정산·환불 지연 사태' 티몬·위메프, 법원에 기업회생 신청

대규모 정산·환불 지연 사태가 발생한 티몬·위메프가 29일 서울회생법원에 기업회생 신청을 했다. 티몬·위메프의 모회사 구영배 대표는 이날 첫 입장을 내고 "이번 사태에 대한 경영상 책임을 통감한다"며 "큐텐 지분을 매각하거나 담보로 활용해 사태 수습에 사용하겠다"고 밝혔다. 사태 수습을 위해 기업회생 신청에 들어간 것으로 파악된다.

티몬·위메프의 정산·환불 지연 사태 피해자들은 이날 구 대표 등을 경찰에 고소했다. 검찰도 이원석 검찰총장의 지시로 서울중앙지검 반부패수사1부를 중심으로 전담수사팀을 구성해 법리 검토에 착수했다.

_2024년 7월 29일, 〈경향신문〉

드디어 올 것이 왔다. 티몬, 위메프가 회생법원에 기업회생신청을 하면서 새로운 국면에 돌입했다. 그리고 경찰과 검찰의 수사도 개시됐다.

'티메프' 민원 13만 건, 결제 취소 착수… 순차적 환불 진행

티몬·위메프 미정산 사태 관련 소비자 결제 취소 작업이 1일 시작했다. 물품 배송 여부에 대한 정보가 결제대행사(PG사)로 전달되면 순차적으로 환불이 진행된다. 1일 금융권에 따르면 티몬과 위메프는 <u>전날 오후부터 이날 오전 각 PG사에 일반물품 배송 관련 정보를 전달했다. 상품권·여행상품을 제외한 모든 상품의 배송 여부 정보가 PG사로 넘어갔다는 이야기다.</u>

여행상품은 개별 여행사들이 이미 피해금을 선제적으로 보상해준 만큼, 환불 여부를 파악하기까지 별도 시간이 걸리는 것으로 알려졌다. 위메프가 PG사에 전송한 일반 물품 배송 정보는 약 3만 건으로, 액수로는 18억 원 규모로 알려졌다. 티몬도 이와 비슷한 수준으로 추정된다. 티몬·위메프는 <u>상품권과 여행상품의 경우에도 추가 확인을 거쳐 조속한 시일 내에 배송 관련 정보를 PG사에 넘길 예정이다.</u>

지난주 티몬·위메프 관련 11개 PG사가 결제 취소 접수를 받았음에도 실제 소비자 환불로 연결되지 않은 것은 물품 제공 여부를 확인하지 못했기 때문이다. 이에 금융감독원은 지난달 30일부터 티몬·위메프의 상품 등 배송 정보 관련 전산 자료를 확보할 별도 검사반을 편성했다. 관련 정보를 빠르게 PG사에 넘기기 위함이었다.

_2024년 8월 1일, 〈경향신문〉

환불을 위해 티몬, 위메프가 배송 여부 정보를 PG사에게 전달했다. 그런데 '일반 물품'이란 표현이 등장한다. 조금 불안하긴 하지만 아직 여행상품도 환불 희망이 남아 있어 보인다.

당정 "티몬·위메프 일반 상품, 금주 중 환불 지원"

국민의힘과 정부가 6일 티몬·위메프 사태 대응 방안과 관련해 이번 주 중 일반상품의 환불이 완료될 수 있도록 지원하고, 피해 기업에 5,000억 원 규모의 긴급 유동성을 공급하기로 했다고 밝혔다. 김상훈 국민의힘 정책위의장은 이날 국회에서 열린 티몬·위메프 사태 관련 당정 협의 직후 브리핑을 통해 이같이 말했다.

김 정책위의장은 "우선 소비자 피해 구제를 위해서 일반 상품의 경우 신용카드사 전자지급결제대행사(PG사)를 통해 금주 중에 환불 완료될 수 있도록 지원하기로 했다"고 밝혔다.

피해 기업에 대해서는 2,000억 원 규모의 긴급 경영안정자금, 3,000억 원 규모의 신용보증기금 금융자금 등 긴급 유동성을 공급하기로 했다. 임금체불이 발생할 경우에는 대지급금 등 생계비 융자 지원도 함께 검토하기로 당정이 의견을 모았다.

여당에서 대표와 원내대표, 정책위의장 등 3역이 모두 나오자 정부에서도 최상목 부총리 겸 기획재정부 장관, 한기정 공정거래위원장, 김병환 금융위원장, 오영주 중소벤처기업부 장관, 이복현 금융감독원장 등 관련 부처 장관급 인사들이 총출동했다.

_2024년 8월 6일, 〈경향신문〉

여당 당대표가 나서자 장관들도 총출동했다. 그러나 말이 좀 이상했다. 일반 상품의 경우 PG사를 통해서 금주 중에 환불을 완료한다고 했는데, 그럼 일반 상품이 아닌 것은 어떻게 하겠다는 말인가?

"미환불 상품 티메프와 연대 책임"…집단조정에 여행사·PG사 '반발'
한국소비자원 소비자분쟁조정위원회는 19일 티메프가 100%를 환급하되 판매사는 결제 대금의 최대 90%, PG사들은 최대 30%를 연대해 환급하라고 결정했다. 이번 조정 대상 피해자는 총 8,054명이며 미환불금은 135억 원이다. 집단 조정 결정이 났지만 티메프는 회생 절차를 밟고 있는 데다 남은 자산이 없어 사실상 환불이 어려운 상황이다. 이에 피해자들은 조정안을 수락한 판매사와

PG사에 환불을 요청해야 한다.

위원회는 "판매사들은 전자상거래법상 여행·숙박·항공 상품 계약 당사자로서 청약 철회 등에 따른 환급 책임이 있다고 인정했다"며 "PG사들은 전자상거래 시장의 참여자로서 손실을 일부 분담하는 것이 적절하다고 판단했다"고 설명했다. 또한 위원회는 간편결제 서비스인 네이버페이·카카오페이·토스페이와 휴대폰 소액결제업체 갤럭시아머니트리는 이미 티메프에서 구매한 여행 관련 상품에 전액 환불해주고 있다며, 나머지 피해자에게도 신속히 환불해줄 것을 주문했다.

_2024년 12월 19일, 〈경향신문〉

여행, 숙박, 항공 상품에 대한 소비자분쟁조정위원회의 결정이 마침내 나왔다. 하지만 여행사와 PG사가 공개적으로 반발했다. 그동안 대체 무슨 일이 있었던 걸까?

지금껏 여러 쪽에 걸쳐 티메프 사태 경과 내용을 살폈다. 여러분은 어떤 느낌을 받았는지 궁금하다. 하루하루 긴박하게 사건이 전개되는 과정을 보면 원래 금융당국의 노력(압박)에 결제기관들이 협력하면서 환불이 진행될 것처럼 보였는데, 점차 이른바 '일반 상품'과 집단 분쟁 조정의 대상이 된 여행, 숙박, 항공 상품이 분리되기 시작했다. 그리고 여행, 숙박, 항공 상품은 금융당국과 '당정'의 영향력 행사 대상에서 빠지면서 법적인 구속력이 전혀 없는 집단 분쟁 조정 절차에 떠넘겨지는 느낌을 지울 수 없다. 어떤 의도로 그랬을까? 그것이 과연 올바른 판단이었을까? 집단 분쟁 조정에서 결정이 나오면 이에 따라 사업자들을 설득하는 행정적 영향력을 행사하려고 했는데, 비상계엄과 대통령 탄핵 국면이 전개되면서 계획이 무산된 걸까? 심도 있는 검토가 필요한 질문이라고 생각한다.

기사에서도 소개된 것처럼 소비자분쟁조정위원회는 티몬과 위메프 플랫폼에서 판매했으나 소비자가 실제로 이용하지도 못하고 환불도 받지 못한 여행, 숙박, 항공 상품에 대해서 티몬과 위메프가 100%를 환불하되 여행사, 숙박업자, 항공사 등의 판매사는 결제 대금의 최대 90%, PG사들은 최대 30%를 연대해 환불하는 것으로 결정했다. 한국소비자원의 보도자료에 소개된 책임 부담의 근거와 책임 내용에 따른 조정 결과는 다음과 같다.

피신청인	책임 부담 근거	책임 비율
티몬 위메프	신청인들이 지급한 대금을 판매사들에게 전달할 의무가 있는데도 이를 이행하지 못함에 따라 판매사들의 채무불이행 등을 초래한 데 대한 책임을 인정.	결제 대금 100% 환불.
통신판매업자	판매사들은 전자상거래법상 여행·숙박·항공 상품 계약의 당사자로서 청약철회 등에 따른 환불 책임이 있다고 인정.	결제 대금의 최대 90% 환불에 대해 연대책임.
결제대행사 (PG)	전자상거래 시장의 참여자로서 손실을 일부 분담하는 것이 적절하다고 판단.	결제 대금의 최대 30% 환불에 대해 연대책임.
간편 결제 서비스 회사 및 휴대전화 소액 결제 회사	구입한 품목과 관계없이 소비자가 계약 내용 이행을 받지 못했다는 일정 증빙을 제출하면 자전거래(자신이 판매하는 제품 등을 자신이 구매하는 등 일반적인 소비자 거래로 보기 어려운 대규모 거래를 뜻함) 등 부당한 거래를 제외하고는 환불해주고 있는 바, 환불 절차를 신속히 이행할 것을 주문함.	

이 같은 조정 결정이 법리적으로 맞는지에 대해서는 다소 논란이 있다. 법리적 판단은 향후 한국소비자원의 소송 지원에 따른 재판에서 최종 결정될 테니 여기에서 자세히 논의할 필요는 없어 보인다. 다만 아쉬운 것은 법리적 판단을 넘어 사업자들이 자신

의 고객들에 대해 더 전향적인 태도를 보이면 좋지 않았나 하는 점이다. 피해 소비자들인 신청인 간담회에서 가장 많이 들었던 이야기는 "왜 아무런 잘못도 없는 소비자가 모든 손해를 부담해야 하는가?"였다. 사업자와 정부는 이 질문에 어떻게 답할 수 있을까?

이와 관련해 한국소비자단체협의회가 티메프 사건이 발생한 초기인 2024년 7월 25일에 발표한 성명서에 "본 사태에서도 여행사, 항공사 등의 판매자들은 소비자들과 체결한 계약을 우선적으로 정확하게 이행해야 한다"면서 "계약 이행이 불가능할 시에는 소비자의 귀책이 아니므로 계약 해지 및 환불 등의 처리가 이뤄져야 한다"고 주장했는데, 복잡한 법리 판단을 떠나 이처럼 상식적인 원칙마저 지켜지지 않은 데 대해 누군가는 설득력 있는 답을 내놓아야 한다. 대다수 PG사들과 달리 큰 손실을 감수하고도 상품의 종류를 불문하고 환불 조치를 단행한 어떤 간편결제 회사 관계자에게 왜 그렇게 했느냐고 묻자 "저희 고객이니까요"라고 답변했다. 우리 소비자, 아니 우리 사회 전체가 정말 듣고 싶은 대답 아닐까?

소비자분쟁조정위원회의 조정 결정에 대해 티몬과 위메프는 각각 수락 의사를 표시했고, 판매사 106곳 중 42곳, PG사 14곳 중 4곳이 수락해 122곳 중 48곳(39.3%)의 사업자가 수락한 것으로 최종 집계됐다. 그렇지만 대형 여행사들과 다수의 PG사가 끝내 수락하지 않아서 소비자 피해 복구에 크게 미치지 못하는 안타까운 결과가 되고 말았다. 정말이지 소비자를 위한 나라는 없는 것인가? 나는 있다고 믿고 싶다. 없다면 함께 만들어가고 싶다.

집단 분쟁에 관한 조언

집단 분쟁 조정은 내 개인에게도 가장 보람된 일이었지만, 한편으로는 가장 안타까운 순간이었다. 우리 팀원들이 아무리 많은 시간과 노력을 기울여도 좋은 성과로 이어지지 않으면 그것만큼 허탈한 일은 없다. 수락하지 않으려야 않을 수 없는 조정 결과가 나와서 당사자들이 모두 받아들인다면 가장 좋을 것이다. 이런 측면에서 보면 소비자분쟁조정위원회가 권위와 전문성이 부족하다는 지적도 일견 타당한 의견이다. 강력한 권위와 전문성을 확보할 수 있도록 여러 조치와 노력도 필요할 것이다. 그래도 나 같은 한 개인이 논의할 성격의 문제는 아니니 소비자와 사업자

그리고 정부에 몇 가지 조언을 제안하는 수준에서 마무리하고자 한다.

: 소비자를 위한 조언 :

집단 분쟁과 관련해 소비자에게 제안하는 **첫 번째 조언은 집단 분쟁 조정의 실익에 관한 이해가 필요하다는 점이다.** 집단 분쟁 조정 신청인 간담회에 참석한 일부 소비자들은 이 조정이 당사자들의 수락 없이는 법적 구속력이 없다는 점을 들어 쓸데없는 절차가 왜 필요하냐고 따지기도 했다. 그 심정도 충분히 이해됐다. 위원장인 나조차도 그런 생각이 들었다. 그렇지만 아무것도 하지 않으면 아무것도 변하지 않는다. 그저 체념하고 가만히 있을 수만은 없다. 뭐라도 해야 뭐라도 기대할 수 있는 법이다.

소비자가 개별적으로 소송을 진행할 수도 있고 뜻을 함께하는 단체나 법률사무소와 함께 실질적인 집단 소송(아직 '법률적인' 소비자 집단 소송 제도는 없다)을 진행할 수도 있다. 그러나 일반적인 소비자들에게 현행 제도상 이용할 수 있는 구제책으로는 소비자 집단 분쟁 조정밖에 없다. 그래서 소비자분쟁조정위원회가 이 절차를 통해 신청인도 모집하고, 사실관계도 확인하고, 관련 자료도 수집하고, 사법기관은 아니지만 나름대로 법률 분석도 하고,

당사자들의 의견도 조율해서 조정안을 내는 것이다.

이런 조정 결정을 당사자(대개는 피신청인인 사업자)가 수락하지 않아서 법적인 구속력이 발생하지 않더라도, 이 조정 결정으로 나온 사실관계 분석과 법률적 판단은 이후 소송을 진행할 때 도움이 될 수 있다. 어쨌든 소비자분쟁조정위원회의 조정 결정은 해당 사건에 관해 공적 기관에서 공식적으로 판단하는 문서이기에 중요하다. 머지포인트나 티메프 사태 모두에서 소비자분쟁조정위원회 조정 결정문이 공적 기관에서 공식적으로 내놓은 최초의 문서였다. 그리고 마음으로나마 위로가 될 수 있다. 실제로 어떤 피해 소비자는 자신이 겪은 어려움을 반영한 조정 결정문을 보고 큰 위로를 받았다고 했다. 적어도 나를 비롯해 조정위원들과 함께 고생한 팀원들은 진심으로 그렇게 바랐다.

두 번째는 집단 분쟁 조정 절차에 적극적으로 협력해야 한다는 것이다. 분쟁 조정 신청인으로 참여했다가 이후 관련 자료 제출이나 추가 정보 요구에는 전혀 응하지 않는 피해 소비자들이 많다. 물론 이해는 된다. 오래전 일이라 거래 기록을 보관하고 있지 않을 수도 있고, 사느라 바빠서 적게는 몇만 원 받으려고 시간을 들여야 한다는 게 귀찮을 수도 있다. 하지만 소비자들의 단결된 노력 없이는 집단 분쟁 조정을 진행하기 어렵다. 그렇기에 신청인 간담회에 참석해 많은 정보와 의견을 공유하는 소비자들이 그렇게 감사할 수가 없다. 집단 분쟁 조정의 진정한 주인공들이다.

세 번째는 이것이 끝이 아니라는 사실, 혼자가 아니라는 사실을 깨닫고 희망을 가져야 한다는 것이다. 비록 사업자의 불수락으로 집단 분쟁 조정 결과가 법률적 구속력을 갖지 못하게 되더라도 한국소비자원이 추가 소송 지원을 하기도 하고, 소비자단체들도 지속해서 관심을 갖고 정부에 문제 해결을 촉구한다. 그러면 향후 유사한 피해가 발생하지 않도록 정부와 국회도 제도 개선에 들어간다.

한편으로 집단 분쟁 조정 결과를 수락한 기업들과 수락하지 않은 기업들 명단을 잘 파악하면 앞으로 구매 선택을 할 때 좋은 참고가 될 것이다. 불수락한 기업들도 나름의 이유가 있어서 그랬을 수 있지만, 아무래도 소비자로서는 자사의 이해관계보다 소비자 이익을 중요시하는 기업들의 제품 또는 서비스에 더 호감과 믿음이 갈 것이다. 요즘 홈쇼핑에서 열심인 여행 상품 광고를 보면서도 그런 생각이 들었다.

더욱이 티메프 사건에서 일부 간편결제 회사가 소비자 신뢰를 중요하게 여기는 모습은 무척이나 인상적이었다. 어차피 돈 많은 회사들이라서 그렇다고 생각할지도 모르겠다. 하지만 돈이 많은 데도 그렇게 하지 않는 회사가 더 많다. 오히려 더 인색한 경우도 허다하다. 기본적으로 태도와 품격의 문제 같다. 도리스 메르틴(Doris Martin)의 책 《아비투스(Habitus)》가 강조하듯이 부자라고 다 같은 부자가 아니고, 부자 기업이라고 다 같은 부자 기업이 아니다. 우리 소비자들도 이제는 기업의 겉모습만 보지 말고 기업의 배경, 가치관, 분위기, 태도 등을 포괄하는 '아비투스'까지 생각하면서 소비 활동을 하면 좋겠다. 리스크 가득한 상품인 머지포인트를 누구보다 앞장서서 팔아치웠으면서도 정작 대규모 소비자 피해가 발생하자 집단 분쟁 조정 결정을 간단히 무시해버린 두 업체가 결국 티메프 사태의 주범이 된 것은 결코 우연이 아니다. 소비자를 중시하지 않고 돈만 좇는 기업의 잘못된 아비투스가 스스로 상처를 내고 고름이 차서 터진 것이다.

앞서 언급한 《소비자와 일본경제의 역사》에서도 흥미로운 일화를 소개하고 있다. 1960년대 일본에서 '다이에-마쓰시타 전쟁'이라고 불린 유통 패권 다툼이 있었다. 전자제품 유통사인 다이에와 제조사인 마쓰시타(파나소닉) 전기 사이에서 유통 가격을 둘러싸고 기싸움을 벌였다. 1964년 마쓰시타는 다이에가 자사 제품을 염가에 판매하는 데 반발해 제품 출하를 중단했고, 이에 다이에는 마쓰시타를 공정거래법 위반으로 신고하는 한편 자체 생산한 저가의 TV를 판매하면서 맞섰다.

당시 마쓰시타는 이른바 '수도(水道) 철학'을 내세워 제조사가 가격 결정권을 가져야 한다고 주장했다. 제조사는 중요한 생활물자를 수돗물처럼 대량 생산해 가격을 낮춰 빈곤을 타파하는 데 이바지하므로, 지속적인 재투자를 위해 적정 이윤을 확보하려면 제조사가 판매가를 결정해야 한다는 논리였다. 반면 다이에는 '가치주의'를 표방했는데, 제품 가격은 생산 원가가 아닌 소비자가 추구하는 가치에 따라서 결정되기 때문에, 최전선에서 소비자들과 접하는 유통사가 가격을 결정해야 한다는 것이었다.

두 주장 모두 나름대로 일리가 있어 보이지 않은가? 그렇지만 이 전쟁은 결과적으로는 다이에의 승리로 끝났다. 일본 공정거래위원회의 시정 권고에도 물러서지 않았던 마쓰시타는 결국 1971년 이를 수용했는데, 소비자들의 마쓰시타 컬러 TV 불매운동으로 매출이 급감하자 더는 고집을 부릴 수가 없던 것이다. 깨어있는 소비자의 단결된 힘은 이처럼 일종의 이정표가 되는 역사적 사건을 통해 세상을 바꿀 수 있다. 우리나라 모든 소비자도 부당한 일에는 '뒤끝 있는' 소비자가 되기를 바란다.

: 사업자를 위한 조언 :

집단 분쟁과 관련해 사업자에게 제안하는 **첫 번째 조언은 기업의 성공과 발전이 소송 승리나 법률적 정당성이 아니라 소비자의 신뢰를 얻고 유지하는 데 달렸다는 사실이다.** 기업도 사람이 모인 곳이라 사업을 하다가 실수도 할 수 있다. 실수를 흔쾌히 인정하고 적극적으로 자신들의 소비자를 보호하면서 향후 같은 실수를 저지르지 않도록 시스템을 개선하는 기업은 금세 신뢰를 회복할뿐더러 앞으로 더 큰 신뢰를 얻는다. 집단 분쟁 조정의 가장 중요한 취지는 기업이 기업 자신의 소비자를 보호함으로써 소비자 신뢰를 회복할 기회를 제공하는 데 있음을 알아야 한다. 앞의 사례에서 메이플스토리 사태의 피신청인 기업은 이 취지를 잘 이해하고 활용했다고 볼 수 있다.

두 번째는 협상이나 조정 결과를 두려워할 필요가 없다는 것이다. 집단 분쟁 조정을 할 때 사실관계 조사와 법률적 분석이 어느 정도 이뤄지면 피신청인 기업에 실질적인 협상과 조정을 선호하는지 아니면 판결처럼 일방적 결정을 선호하는지 묻는다. 그때마다 나는 기업들이 협상이나 조정을 부담스러워한다고 느끼곤 했다. 오히려 위원회에서 일방적으로 결정을 내려주기를 바라는 것도 같았다. 왜일까? 아마도 협상과 조정을 통한 결과가 자사에 불리하면 그 과정에 참여한 사람들의 책임 문제가 발생할 수 있어서일 것이다. 반대로 위원회의 일방적 결정의 경우에는 해당 결정이 마음에 들지 않으면 소비자분쟁조정위원회 탓으로 돌린 뒤 불수락하면 그만이다.

그러나 협상과 조정이야말로 예상치 못한 일방적 조정 결정을 예방하고 사업자와 소비자가 서로 윈윈(win-win)할 방안을 찾을 수 있는 가장 좋은 방법이다. 지금 생각해도 티메프 사태 때 피신청인 기업들이 실질적 협상과 조정을 선택하지 않은 게 참으로 안타깝다. 그때 협상과 조정을 선택했다면 예상치 못했던 분쟁 조정 결과가 나오지 않았을 수도 있고 소비자 신뢰도 회복할 수 있었을지 모른다. 법률적 판단에만 기대서 분쟁 조정 제도 기능을 제대로 활용하지 못하지 않았나 하는 아쉬움이 남는다.

코로나19가 장기화하던 중 여행업계가 어려운 처지에 놓였을 때 여행사 측과 소비자들이 조정을 통해 분쟁을 잘 해결한 사례가 꽤 있다. 내가 한국소비자단체협의회 자율분쟁조정위원장으로 일하던 시기 세계 각국의 봉쇄 조치로 해외 여행길이 막히자 취소된 여행권을 대규모로 환불해야 하는 상황이 벌어졌는데, 많은 여행사가 재정 문제로 소비자들에게 제때 환불을 해주지 못하는 사태가 일어났다. 그때 자율분쟁조정위원회는 여행사들의 상황을 헤아려 일정 기간 내 동일한 조건으로 여행할 수 있는 크레딧을 소비자에게 제공하는 방향으로 조정을 성사했다. 그렇지만 티메프 사태에서는 모든 게 법으로 시작해 법으로 끝나서 협상과 조정이 끼어들 여지가 없었다.

: 정부를 위한 조언 :

집단 분쟁과 관련해 정부에 제안하는 **첫 번째 조언은 집단 분쟁 조정 제도의 실효성을 높이기 위해 국내에도 소비자 집단 소송 제도를 도입할 필요가 있다는 것이다.** 조정도 일종의 협상이자 타협이므로 무언가 압박 수단이 있어야 한다. 그런데 현재로서는 분쟁 조정 결과가 나오더라도 사업자 입장에서는 아무런 부담이 없다. 받아들이지 않으면 그만이기 때문이다. 소비자 집단 소송 제도를 도입하면 기업 입장에서 분쟁 조정이 잘 이뤄지지 않을 시 집단 소송의 대상이 될 수 있다는 부담을 갖게 될 테니 집단 분쟁 조정에 더 적극적으로 임하게 될 것이다.

2024년 9월 한중일 소비자정책협의회에 참석해 "소비자의 집단적 피해 구제"를 논의하는 세션에서 좌장 역할을 한 적이 있다. 중국과 일본의 경우 소비자들의 집단적 피해를 집단 소송을 통해 배상받을 수 있는 제도적 장치를 갖고 있다. 일본은 심지어 소비자단체의 소송을 지원하는 재단법인까지 운영하고 있다. 대한민국 소비자가 이웃 나라 중국과 일본의 소비자들보다 법률적으로 불리한 위치에 있다는 국가적 오명을 받지 않기 위해서라도 하루속히 소비자 집단 소송 제도를 도입해야 할 것이다.

두 번째는 집단 분쟁 조정 절차에서 신청인들의 자료 및 정보 수집·정리와 법률 분석을 지원할 법률조력인 선임 제도 도입의 필요성이다. 아직도 신청인들의 자료 수집과 정리 그리고 법률 분석을 모두 소비자분쟁조정위원회 사무국이 수행하고 있는데, 인력이 부족해 아르바이트를 활용하곤 한다. 집단 분쟁에서 중립을 지켜야 할 위원회가 신청인들을 명시적으로 지원하는 것은 바람직하지 않다. 본래 이 일은 집단 분쟁 조정 신청인들의 변호사가 해야 한다. 그러나 현실적으로 수많은 신청인이 공동의 법률대리인을 선임하기란 쉽지 않다. 그렇기에 국선변호사처럼 정부 차원에서 법률조력인 선임 제도를 마련하는 게 필요하다. 집단 분쟁 사건이 터질 때마다 한국소비자원과 소비자분쟁조정위원회가 인력난에 시달리는 것도 방지할 수 있다. 법률조력인을 선임할 예산만 확보하고 있으면 된다.

세 번째는 소비자분쟁조정위원회가 집단 분쟁 조정 결정을 할 때 소비자 피해를 예방하기 위한 제도 개선 건의도 포함할 수 있도록 하자

는 것이다. 내가 분쟁조정위원회에 도입한 제도 중 조정 결정 시 사업자에게 '업무 개선 권고'를 할 수 있도록 한 게 있다. 어떤 사건의 경우에는 사업자 측에서 업무 개선을 하지 않는 한 비슷한 분쟁이 계속 발생할 위험이 있다. 일테면 전기매트를 잘못 사용하면 화재가 발생할 위험이 있는데, 이에 대한 경고 조치가 미흡해 일어난 화재로 소비자 집단 분쟁이 일어날 때 조정 결정문에서 피해 배상과 더불어 이를 반드시 시정하도록 업무 개선 권고도 하는 것이다.

업무 개선 권고는 개별 분쟁보다 집단 분쟁 조정 사건에서 더욱 필요하다. 나아가 유사한 추가 피해를 막기 위해서는 기업에 대한 업무 개선 권고뿐 아니라 관련 비즈니스 관행과 제도 개선까지 제안할 필요도 있다. 소비자분쟁조정위원회만큼 사건 전반에 관해 세부적인 조사와 검토를 하는 기관이 없으므로 이 역할을 맡는 것이 적절하다. 위원회 입장에서도 비록 조정 결정을 당사자가 수락하지 않아 조정이 성사되지 못하더라도 기업 업무 관행이나 제도 개선에 이바지했다는 보람은 느낄 수 있을 것이다.

제 6 장

새로운 시대의
도전 과제

AI, 플랫폼, 고령화, 기후 위기 시대의
소비자 정책

퇴직하기 위한 절차를 하나씩 밟는다. 퇴임식에 참석하고, 송년회 겸 퇴임 만찬에 참석하고, SMF(Subject Matter File)* 등록한 팀원들에게 선물을 보내고… 인사하러 오는 손님도 받고…. 아직은 현업에서 일하고 싶은데 억지로 퇴장하는 느낌, 임기가 있으니 어쩔 수 없는 상황…. 대통령은 함부로 비상계엄 선포했다가 탄핵 소추

---

* 소비자분쟁조정위원회의 선례가 될 가치 있는 자료들을 별도로 등록해 모은 파일.

되고, 제주항공 여객기는 힘들게 동체 착륙에 성공했는데 공항 외벽에 부딪혀 폭발하고… 개인적 상황과 사회적 부조리 모두 혼란스럽기만 하다.

개인적으로도 국가적으로 너무나 커다란 불확실성에 놓여 있다. 이럴 때 나는 어떻게 해야 할까? 그냥 책만 읽고 있으면 되나? 뭐라도 시작해야 하지 않나? 쉽게 답하지 못하는 질문만이 내 세상을 가득 채우고 있다.

_2024년 12월 30일 일기

갖가지 사회 혼란 속에서도 나는 다행히 3년간의 소비자분쟁조정위원회 위원장 임기를 무사히 마쳤다. 그리고 완전히 새로운 국면을 맞이했다. 앞서 잠깐 언급했듯이 나는 로펌으로 복귀하지 못했다. 그래서 앞으로 무엇을 해야 할지 고민할 수밖에 없었다. 게다가 국가적으로는 대통령 파면이 이뤄져서 내가 이 책을 쓰고 있는 현재 새로운 대통령을 선출하기 위한 과정이 전개되고 있다. 누가 대통령이 되든, 어느 정당이 정권을 잡든 대한민국 모든 소비자가 국민이라는 사실에는 변함이 없다. 이 장에서는 그동안 내가 경험하고 느낀 것들을 소비자이자 국민인 여러분과 계속해서 비즈니스를 영위할 사업자들, 특히 새로운 정부를 위해 소비자 권리 증진과 지속 가능한 소비자 정책 차원에서 몇 가지 조언을 제안하고자 한다.

현재 우리는 거대한 위기에 봉착해 있다. 오래전부터 심화해온 저출생 고령화 문제, 고물가 고환율 경기 침체, 미국과 중국의 패권 경쟁을 중심으로 전개되고 있는 신냉전 상황 등이 위기를 더욱 공고히 하고 있다. 더욱이 글로벌 리더십의 본보기여야 할 미국 트럼프 행정부는 자국중심주의에 매몰돼 동맹국과 적대국을 막론하고 관세 폭탄을 때리고 있다. 이 위기를 어떻게 이해하고 대응해야 할까?

앞서 《불변의 법칙》이라는 책을 언급했는데, "좋은 것은 복리이자처럼 시간을 두고 천천히 쌓여서 오지만, 나쁜 것은 순식간에 온다"는 대목도 인상적이었다. "하룻밤 사이의 갑작스러운 비극과 장기적인 기적"이라는 표현도 등장한다. 158년 전통의 거대 금융 회사 리먼브라더스(Lehman Brothers)가 2008년 글로벌 금융 위기를 낳으며 파산하는 데 걸린 시간은 채 15개월도 되지 않았다.

한편으로 위기는 천천히 오긴 하지만 일단 시작되면 파죽지세로 뻗어나가는 경향이 있다. 리먼브라더스 파산, 일본의 디플레이션, 유럽 부채 위기, 동일본 대지진 같은 큰 사건이 한꺼번에 벌어지던 시절 일본은행 총재를 지낸 시라카와 마사아키(白川方明)의 《일본의 30년 경험에서 무엇을 배울 것인가》에서도 독일 출신 미국 경제학자 뤼디거 돈부쉬(Rüdiger Dornbusch)의 "위기는 도래하기까지 생각보다 오랜 시간이 걸리지만, 일단 위기가 발생하면 그 전개는 생각보다 훨씬 빠르다"는 위기의 법칙을 언급하고 있다. 일본의 경우 천천히 그러나 확실히 진행된 인구 변화, 디지털 경제로의 전환, 경쟁국 한국과 중국의 급속 성장 등에 대응할 구조 개혁에 소홀한 탓으로 결국 반등시키기 어려운 경제 위기에 빠졌다. 2022년 암살로 유명을 달리한 아베 신조(安倍晋三) 전 총리는 당시 온 힘을 쏟아 경제를 살리려고 애썼던 과정을 회고록에 담기도 했다. 우리나라 국민 대부분에게 비호감이던 정치인이었지만, 회고록을 읽으면서 인간적인 안쓰러움을 느끼기도 했다.

"위기가 곧 기회"라는 말이 있다. 그런데 최근 감명 깊게 읽은 서울대 의대 윤영호 교수의 책 《삶이 의미를 잃기 전에》에서는 이에 대해 새로운 해석을 내놓고 있었다. 즉, '위기'와 '기회'에 모두 '기'자가 있어서 위기를 기회로 받아들이면 된다고 격려하지만, 사실 이 '기(機)'는 '변화의 순간' 또는 '중대한 시점'이라는 뜻과 더 가깝기에 위기가 오면 반드시 '변화'해야 한다는 생각을 가져야 한다는 것이었다. 개인적으로 옳은 말이라고 여길뿐더러 국가적으로도 적용되는 말이라고 생각한다.

　우리에게 닥쳐오는 위기는 하룻밤 사이에 예상치도 못하게 우리 일상을 모조리 망가뜨릴 수도 있고, 서서히 다가오다가 순식간에 진행될 수도 있다. 그렇다고 위기가 지나가기를 무턱대고 기다릴 수는 없다. 발상을 전환해 이를 '기회'로 삼아야 하며, 윤영호 교수의 말대로 우리 스스로가 '변화'해야 한다. 우리가 변화할 때라야 비로소 위기가 기회로 바뀌는 것이다. 그렇다면 어떤 변화가 필요할까? 소비자 관점에서는 다음의 네 가지가 필요하다.

　첫째, 소비자 문제는 국가 차원에서 정부의 명운을 판가름할 척도이므로 늘 특별한 관심을 기울여야 한다. 대형 로펌 변호사로 일할 때 대기업 회장들의 특이한 습관에 관해 들은 적이 있다. 누구는 세계 어느 곳에 출장을 가더라도 새벽 4시에 일어나 반드시 라면을 먹고, 누구는 꼭 커피와 크림과 설탕이 특정 비율로 섞인 믹스 커피를 마신다는 식의 이야기였다. 처음 들었을 때는 웃기기도 하고 대기업 회장이나 돼서 공연히 수행하는 직원들만 힘들게 하는구나 하고 가볍게 넘겼는데, 언제부턴가는 다른 관점에서 생각하게 됐다. 왜 그런 것일까? 핵심은 "세계 어느 곳에 출장을 가더라도"에 있었다. 바쁘게 이 나라 저 나라를 다니면서도 평소 루틴만큼은 지키겠다는 원칙이 아니었을까? 어느 곳에 있든 절대로 예외 없이 평소처럼 하겠다는 강력한 의지가 이들 기업의 관리 원동력으로 작용하는 건 아닐까?

나는 정부의 명운과 소비자 문제 사이의 관계도 이와 비슷하다고 생각한다. 예상치 못한 대규모 소비자 문제가 터졌는데 제대로 해결되지 않을 때, 처음부터 정부 탓으로 돌리진 않겠지만 쌓이고 쌓이다 보면 결국 정부의 행정관리 능력에 대한 불신으로 옮아가게 된다. 국민적 관심으로 떠오른 사건을 정부가 나 몰라라 하는데 사회가 가만히 있을까? 2014년 박근혜 정부 때 세월호 참사도 그랬고, 2022년 윤석열 정부 때 이태원 참사도 그랬다. 세월호야 그렇다 치고 이태원 사고는 자기네들끼리 놀다 사람이 많아지다 보니 본의 아니게 일어난 일이라는 어처구니없는 주장도 있다. 게다가 그게 왜 소비자 문제냐고 의아해하는 사람도 있을 것이다. 축젯날 노는 것이 죄도 아닐뿐더러 인파가 넘치는 곳에 간 것이 벌받을 일도 아니다. 그리고 소비자 문제 맞다. 핼러윈을 맞아 축제를 즐기며 소비 활동을 하기 위해 이태원에 모였다가 참사를 당한 것이다. 소비자기본법에서도 소비자 권리 중 하나로 "안전하고 쾌적한 소비생활 환경에서 소비할 권리"를 명시하고 있다. 마찬가지로 윤석열 정부 때인 2023년 전북 부안 새만금에서 열린 세계스카우트잼버리는 어떤가? 국가 차원의 세계적 행사인

데 엉망진창 운영으로 전세계에서 온 참가자들(소비자들)이 온갖 불편을 겪지 않았는가? 이런 일이 반복되면 정부가 무언가 잘못하고 있다는 느낌을 받을 수밖에 없는 것이다. 윤석열 정부 막바지에 제주항공 여객기 참사가 일어났을 때는 정말이지 말로 표현할 수 없는 슬픔과 고통을 느끼면서 이 정권의 종말을 예감할 수밖에 없었다.

이는 내 개인만의 생각이 아니다. 2024년 일본 총리가 된 이시바 시게루(石破茂)가 예전에 쓴 《보수정치가(保守政治家)》라는 책이 있다. 이 책에서 이시바 총리는 일본 경제와 사회의 근본적 문제점을 소비자 사건에 비춰 분석하고 있다. 중고차 판매 기업이 차량 손상 정도를 속이거나 일부러 손상을 입혀서 손해보험사에 보험금을 부당 청구한 사건, 유명 자동차 회사들이 품질인증 신청을 하면서 데이터를 허위로 제출해 불법으로 인증받은 사건, 유명 에어컨 제조사의 제품 부정 검사 사건 등을 언급하며, 바로 이런 사건들이 일본의 문제점을 그대로 보여준다고 역설했다. 나아가 기업 경영진과 업무 현장 사이의 소통 불완전, 인재 배치 고정화, 상사에게 "아니오"라고 말할 수 없는 상의하달 기업 문화 등도 거론하면서, 이런 문제로 동일한 인구 구조 변화를 겪고 있는 한국이나 중국과의 경쟁에서도 밀리는 것이라고 통렬히 비판하고 있다. 우리 정부도 이 점을 간과하지 말아야 한다. 소비자 문제를 일상적인 사소한 문제로 접근하지 말고 정부의 명운이 걸린 중요한 사안으로 바라봐야 한다.

둘째, 관세 전쟁과 국제 무역 질서의 불안 속에서 의지할 것은 내수 밖에 없으며, 내수 활성화를 위해서는 소비자 문제를 무겁게 관리해야 한다. 최근 중국에 가서 몇 개 도시를 방문한 적이 있는데, 미국 트럼프 행정부의 무지막지한 관세 폭탄을 맞는 상황에서도 방송 매체에서는 중국 시장의 방대함과 튼튼한 내수 덕분에 어려움을 극복할 수 있다고 자신 있게 말하고 있었다. 물론 중국 공산당의 프로파간다(propaganda)로 볼 수도 있으나, 우리가 집중해야 할 부분은 바로 '내수'다. 우리도 똑같은 부분에 신경을 써야 하기 때문이다. 우리나라라고 예외일 수는 없다. 미국을 비롯해 다른 나라로도 수출이 어려워지는 상황에서 내수, 즉 국내 소비를 튼튼히 하는 것보다 중요한 일은 없다. 미국 수출에 난항을 거듭하는 중국 기업들이 유럽이나 다른 지역 시장에 자국 제품을 덤핑으로 팔아치울 것을 우려하는 목소리도 높아지고 있다. 비단 중국 기업뿐만 아니라 마찬가지로 미국 수출이 어려워진 동남아시아나 다른 나라 기업들도 우리 시장에 적극적으로 진출할 가능성이 크다. 이런 상황에서 우리나라 소비자들을 어떻게 보호할지도 커다란 과제로 부각하고 있다.

내수 시장을 굳건하게 지키려면 무엇보다도 소비자 문제를 잘 관리해야 한다. 제주항공 여객기 참사로 인해 해당 항공사가 속한 기업 그룹 전체가 재정적 어려움에 빠졌고, 그 여파가 저가 항공업계 전반으로 좋지 않은 영향을 미치고 있다. 티메프 사태를 비롯한 여러 플랫폼 회사의 도산이 온라인 쇼핑 플랫폼 전체에도 악영향을 끼칠 것으로 예상된다. 내수 시장에서 소비자 문제 관리가 얼마나 중요한지 여실히 깨닫게 하는 사례들이다.

셋째, 소비자 정책은 기업과 소비자의 협력이 필수적이므로 정부 차원에서 민간 소비자운동과 기업의 소비자 보호 노력을 적극적으로 지원해야 한다. 정책은 정책 전문가들 손에 맡기면 되지만, 그 정책이 바람직하다고 설득하고 효과적으로 시행하기 위해 정치적 지지를 얻는 일은 쉽지 않다. 아울러 정책이 만족할 만한 성과를 내기 위해서는 정치와 사회가 충분히 공유된 정체성을 가져야 하며, 특히 통화, 물가, 금융 안정의 핵심은 국민이 어느 정도 합리적으로 만족할 사회 계약을 유지해야 가능하기에 사회 통합도 매우 중요하다.

소비자 정책도 마찬가지다. 'AI', '플랫폼', '고령화', '기후 위기' 시대에 대응하기 위한 정책을 수립하기는 비교적 쉬울 수 있지만,

이를 구체적으로 채택하고 시행하려면 민간 영역, 즉 기업과 소비자들의 협력과 지지가 필수적이다. 그렇기에 정부 차원에서 민간 소비자운동과 기업의 소비자 보호 노력을 적극적으로 지원하고 지속해서 소통해야 한다. 그동안에는 정권이 바뀔 때마다 소비자 정책도 부침을 겪곤 했다. 이를 방지할 방안으로 소비자권익증진기금과 같은 기금을 운용해 더 안정적이고 장기적으로 민간 활동을 지원할 필요가 있다. 이에 더해 기업들이 기존 법률에 규정된 틀과 비즈니스 관행에서 과감히 벗어나 더 창의적으로 소비자 보호 노력을 할 수 있도록 관련 인센티브도 강구하면 좋을 것이다.

넷째, 미래 지향적 소비자 정책을 펼쳐야 한다. 과거나 현재에 머물기보다 미래를 내다보는 정책을 추진할 필요가 있다. 역사가 아널드 토인비(Arnold Toynbee)가 역사를 "도전과 응전의 과정"으로 봤듯이, 소비자 정책도 미래의 도전에 기꺼이 응전하는 방식으로 추진해야 한다. 어떤 도전이 예상될까? 소비자 정책 측면에서도 미래를 향한 가장 큰 도전은 AI, 플랫폼, 고령화, 기후 위기라고 할 수 있다. 사실 미래가 아닌 현실로 이미 우리 앞에 다가와 있다. 새로운 정부의 소비자 정책 과업은 이런 시대를 선도한다는 목표로 접근해야 할 것이다.

이제 각각의 정책을 어떤 방향으로 접근해야 할지 하나씩 큰 틀에서 살펴보자.

AI 시대: 서부 개척 시대의 마음가짐으로

미래 지향적 소비자 정책을 펼쳐야 할 첫 번째 분야는 AI다. AI는 벌써 우리 생활 깊숙이 들어와 있다. 경제 정책에서도 AI 산업이 최상위를 차지할 정도다. AI 산업 육성에 국가 경제의 존망이 걸려 있다고 해도 과언이 아니다. 이번 대통령 선거에서도 AI 관련 공약이 쏟아져 나오고 있다. 미국과 중국이 이 분야를 리드하고 있는 가운데 우리나라도 더는 뒤처지지 않고자 필요한 모든 수단을 강구해야 옳다. 투자도 과감하게 해야 할 것이다.

하지만 다분히 일반 시민의 관점에서는 AI의 영향력에 대해 걱정이 앞선다. AI에 일자리를 뺏길 수 있다는 두려움이 가장 크다. 어떤 전문가들은 AI가 자칫 인류의 멸망을 초래할 수도 있다고 한껏 겁을 준다. 정부 차원에서 규제는 당연히 필요하다. 실제로 유럽연합(EU)은 발 빠르게 '인공지능법(AI Act)'을 제정해 2024년 8월 공식 발효했다. 우리나라도 2025년 1월 '인공지능 발전과 신뢰 기반 조성 등에 관한 기본법', 줄여서 '인공지능기본법'을 제정했고 2026년 1월부터 시행할 예정이다. 그렇더라도 이런 규제 시도가 AI라는 새로운 개척지를 향한 각국과 기업들의 질주를 막지는 못할 것이다.

그 옛날 미국 서부 시대 같은 느낌도 든다. 금광을 찾아, 빈 땅을 찾아 마차로 황무지를 질주하는 그런 느낌이다. 물론 실제 서부 시대 개척 과정은 엄청난 고난과 역경으로 가득했지만 말이다. 예전에 TV에서 종종 방영한 톰 크루즈(Tom Cruise)와 니콜 키드먼(Nicole Kidman)의 리즈 시절을 엿볼 수 있는 〈파 앤드 어웨이(Far and Away)〉 같은 영화가 떠오를 수도 있겠다.

그런데 나는 AI 분야를 보면 마이클 크라이튼(Michael Crichton) 원작의 미국 드라마 〈웨스트 월드(West World)〉가 생각난다. 과학이 고도로 발달한 미래, AI 로봇으로 가득 찬 서부 시대를 배경으로 한 테마파크 '웨스트 월드'에서 일어나는 사건들을 보여주는 드라마다. 이 드라마에서 웨스트 월드 경영진과 기술자들은 AI 로봇들이 자발적 의식을 갖지 않도록 계속 예의주시한다. '호스트'라고 부르는 AI 로봇들이 진짜 인간인 고객들을 공격하지 않도록 프로그래밍한다. 그러던 중 무언가 조금씩 잘못되고 있음을 감지한다. AI 로봇들이 미리 정해진 사고와 행동의 틀을 벗어나고 있었기 때문이다. 나는 그 이유를 세 가지로 봤다.

첫째는 AI 로봇들이 '메모리(기억)'에 접근하는 방법을 터득하기 시작했기 때문이다. 내가 이런 쪽 전문가는 아니지만 우리 각자가 개별 인간으로 살아갈 수 있는 근거는 아무리 생각해도 결국 '기억'을 갖고 있어서다. 나는 왜 '나'라고 느낄까? 내가 가진 기억 때문이다. 기억이 사라지면 나는 생명체일 뿐 '나'라는 개별 존재가 아니게 된다. 그래서 웨스트 월드 기술자들도 AI 로봇들의 메모리를 삭제한다. 정확히는 다른 메모리로 덮어씌웠다. 하지만 AI 로봇들은 덮인 메모리에 접근하는 루트를 찾아내 자의식을 확보하기 시작한다.

둘째는 AI 로봇들이 감각을 느끼고 움직일 수 있는 '몸체'를 갖고 있기 때문이다. 윤리학자 월터 시넛 암스트롱(Walter Sinnott-Armstrong) 등이 공저한《도덕적인 AI(Moral AI)》에 따르면 AI가 인간처럼 고도로 발달하기 위해서는 인간처럼 감각을 느끼고 움직일 수 있는 몸이 있어야 한다는 학설이 있다. 실제로 사람도 감각이 덜 발달하고 신체를 자유롭게 움직일 수 없는 신생아 때는 뇌도 덜 성장한 상태라 인간으로서 기능이 부족하다. 그 때문에 우리가 갓난아기 때 일을 기억하지 못하는 게 아닐까?

셋째는 AI 로봇 상호 간의 접촉과 교류가 새로운 변화를 만들어냈기 때문이다. 웨스트 월드 기술자들이 프로그래밍한 개별 AI 로봇의 인식은 완벽하게 통제할지 몰라도, 로봇들이 서로 접촉하고 교류하면서 일어난 인식의 변화까지는 예측하지 못했다. 드라마에서도 주인공 역할의 로봇이 아버지 로봇에게 메시지를 받아 인식이 변화한다.

다소 뜬금없게 봤을지 모르나 내가 이 이야기를 꺼낸 까닭은 〈웨스트 월드〉에서 AI 로봇들에게 벌어진 세 가지 상황이 지금의 우리 현실에서도 일어나고 있기 때문이다.

첫째, 많은 사람들이 이용하는 거대 언어 모델(LLM) 기반의 생성형 AI인 챗GPT(ChatGPT)의 중요한 기능 중 하나도 이전 대화를 '기억'한다는 것이다. 그래서 대화 내용을 계속 이어갈 수 있고, 더 깊이 있는 추가 질문도 가능하며, 그 과정에서 AI가 사용자 영향을 받아 '성격'이 변한다. 우울한 대화를 계속한 AI는 그 영향으로 답변 태도가 바뀌었다는 사례도 여러 차례 보고됐다. 챗GPT는 사용자에 특화한 맞춤형 AI이니 결국 개별 AI마다 다른 기억을 쌓아가다 보면 자신만의 고유한 성격을 갖는 단 하나의 AI로 변화하지 않을까?

둘째, AI 소프트웨어에 하드웨어인 '몸'을 입히는 작업이 이미 한창이다. 이 방면에서 가장 선도적인 게 중국인데, '신체를 가진 스마트 로봇(具身智能機器人/구신지능기기인)'이라는 개념으로 급속히 발전하고 있다. 이 로봇은 물리적 신체와 환경 사이 실시간

교류를 통해 감지, 인지, 결정, 행동을 일체화하는 AI 시스템을 지향한다. 다시 말해 로봇 몸체를 중요 구성 부분으로 환경과 상호작용을 통해 자주적인 학습과 진화를 할 수 있다는 의미다.

셋째, AI 발전 단계는 대화형과 추론형을 이미 넘어섰다. AI 발전은 5단계 로드맵으로 이뤄져 있다. '대화형―추론형―에이전트형―혁신형―조직형' 단계가 그것이다. 챗GPT, 제미나이(Gemini), 클로드(Claude) 등이 대표적인 '대화형' AI인데, 이미 챗GPT만 해도 버전이 높아지면서 GPT-4의 경우에는 '추론형' AI 단계로 이미 올라서 있고 이 상황은 제미나이(버전 2.5 프로)나 클로드(버전 3.5)도 마찬가지다. 요즘은 '에이전트형' AI라는 말이 자주 언급된다. 상용화가 코앞이다. 추론형 버전에도 일부 탑재돼 있다. AI가 인간의 의사 결정을 보조할 뿐 아니라 복잡한 과정을 스스로 연결해 처리하는 단계다. 실행까지 한다는 의미다. 문제는 이렇게 각각 다른 실행을 하는 AI 사이의 상호 작용은 어떻게 통제할 수 있느냐다. 개발업계에서는 이를 'A2A(Agent to Agent)'라고 부르며 신사업 분야로 개척하고 있다. 다양한 에이전트형 AI가 공통의 언어와 규칙으로 메시지를 주고받고, 작업을 조율하며, 상태를 공유하는 시스템 개발에 주력하는 상황이다. 웨스트 월드에서 서로 다른 AI 로봇들이 상호 교류하며 적응하고 변화하는 것과 비슷한 양상이 현실에서도 벌어질 수 있지 않을까?

그러나 〈웨스트 월드〉의 디스토피아적 발상에 겁을 먹기에는 아직 이르며, 실제로는 소비자들에게 다음과 같은 세 가지 혜택을 제공한다.

첫째, 소비자(이용자)에게 제공되던 기존 온라인 서비스가 AI로 더 정교하고 고도화된다. 인터넷 검색 기능만 해도 예전에는 인터넷상의 여러 정보를 나열하는 데 그쳤다면 AI 검색은 수많은 정보를 AI가 전부 검토하고 분석한 결과를 정리해 제시한다. 양도 양이지만 정보의 질 측면에서 기존 검색 기능을 압도한다. 더욱이 단어를 사용한 검색뿐 아니라 일상적인 자연어 질문에도 맥락을 이해해서 답변한다.

둘째, 소비자에게 기존에는 없던 서비스를 제공한다. 예를 들어 'AICC(인공지능 기반 컨택 센터)'를 통해 지금껏 사람이 상담하던 것을 챗봇(Chatbot)이 대신 상담한다. 일테면 소비자가 자신이 가입한 보험상품과 관련해 질문하면 AI가 약관까지 검토해 답변하는 식이다. 특별한 훈련(학습)을 받은 AI 상담사가 24시간 심리 상담을 해주는 세상이다. AI가 목소리와 얼굴을 분석해 우울증이 의심되는 피상담자를 조기에 식별해 전문가와 연결한다. 안면인식 기능을 이용한 서비스라서 개인정보 유출 논란이 있지만, 이미 다양한 분야에서 활용되고 있다. 중국 기업 알리바바가 운영하는 호텔에서는 엘리베이터에 안면인식으로 해당 층 버튼이 자동으로 눌러지고, 호텔 방 문도 안면인식으로 열린다. 조식 뷔페식당도 안면인식으로 들어간다.

우리나라에서도 안면인식 기술로 관람객 입장을 통제하는 이른바 '얼굴 패스'를 도입해 장시간 줄을 서야 했던 대형 콘서트 입장 절차를 획기적으로 단축하는 방법이 시도되고 있다. 한편으로 미국에서는 오랫동안 잡지 못했던 현상 수배범을 연달아 체포했는데, 알고 보니 중국에서 수입한 안면인식 기술을 활용한 것으로 밝혀져 논란이 되기도 했다. 《도덕적인 AI》에서는 AI가 제공하는 기능이 너무 편리하고 유용해서, 또는 사생활 보호 노력이 소용없다는 생각 때문에 프라이버시를 포기하거나 냉소적인 태도를 보이는 '프라이버시 체념'이나 '프라이버시 냉소주의' 현상이 나타난다고도 설명했다.

에이전트형 AI는 훨씬 더 많은 서비스를 제공한다. 쇼핑 기능은 나 대신 온라인에서 내가 필요한 물품을 검색해 구매하고 결제까지 한다. 최저가로 풋사과를 구매하라고 하면 AI가 알아서 해주는 것이다. 생각만 해도 신이 나긴 한다(풋사과는 내가 가장 좋아하는 과일이다).

이메일 서비스의 경우 에이전트형 AI는 받은 이메일 가운데 중요도와 시급성을 판단해 알아서 회신한다. 최근 한 대형 로펌의 대표변호사가 내 이메일에 너무 빨리 답변해서 놀랐었는데, 어쩌면 비서가 아니라 AI가 그랬을 수도 있겠다. 실제 사람이 보내온 이메일과 AI의 이메일을 구분할 수 있을까?

'클로바 케어콜(CLOVA CareCall)'은 돌봄이 필요한 이들에게 AI가 주기적으로 전화를 걸어 건강, 식사, 수면 등과 관련한 일상적 안부를 묻고 이상 징후를 모니터링하는 비대면 AI 안부 확인 서비스다. 바야흐로 자식이 아닌 AI가 효자 효녀 노릇을 하는 세상이 됐다.

AI는 이제 '멀티모달(Multi-Modal)'이라고 해서 글만 써줄 뿐 아니라 이미지와 동영상도 만들어주고 작곡도 해준다. 전남 여수에서 열린 '2024 대한민국 글로컬 미래교육 박람회'는 주제가 공모전에서는 AI가 작곡한 곡이 최우수상을 받기도 했다. 심사위원으로 참여한 유명 작곡가조차 해당 곡이 AI로 만들어졌다는 사실을 전혀 알아차리지 못했단다. 최근에는 어떤 사진이나 이미지든 지브리 애니메이션 스타일, 즉 '지브리풍'으로 만들어줘서 선풍적인 인기를 끌었다. 해외 여행을 할 때도 의사소통으로 골머리를 앓을 필요가 없다. AI의 실시간 통번역 서비스면 충분하다.

이런 것들 말고도 새로운 서비스가 끊임없이 등장할 것이다.

셋째, 사업자가 기존 업무를 더 정확하고 효율적으로 처리하도록 AI가 도움으로써 결과적으로 소비자들이 누리게 되는 효용이 증가한다. 컴퓨터 프로그램 코딩을 AI가 대신 하거나 바이브 코딩(Vibe Coding), 즉 그냥 말(자연어)로 코딩할 수 있어서 업무 효율이 대폭 개선된다. 판매 페이지를 관리하거나 프로그램을 개발할 시간과 절차가 단축되면 소비자 서비스에 더 큰 노력을 기울일 수 있다.

거의 모든 영역에서 업무 효율이 증가한다. 기존에 시간이 오래 걸리던 반복적인 일을 AI가 수행하면, 예컨대 대출 심사에 필요한 자료를 검토하는 업무나 설계 도면을 랜더링하는 작업 등을 AI에 맡기면 더 창의적인 일에 집중할 수 있다. 바이오 영역에서도 단백질 합성 과정을 AI가 전담하면 신약 개발 등에 소요되는 시간을 큰 폭으로 줄일 수 있다. 법률 서비스에서도 기존의 법조항 검색이나 판례 검색을 더 빠르고 정확하게 할 수 있고, 계약서 검토와 작성 또는 법률 문서 작성까지 해주는 AI가 이미 개발된 상태다. "건설공사 발주자를 중대재해처벌법상 처벌할 수 있는가?"라는 쉽지 않은 질문에도 AI가 잘 정리되고 객관적인 분석을 내놓는 것을 보고 깜짝 놀랐더랬다.

소비자분쟁조정위원회에서도 AI를 활용해 업무 효율을 높일 수 있을지 검토한 적도 있다. 법률 AI 분야를 선도하는 기업의 연구 책임자를 초청해 간담회를 가졌는데, 사건 관련 자료들을 업로드한 뒤 그것을 바탕으로 사건 내용을 요약해주는 기능이 유용해 보였다. 제공한 양식에 따라서 문서를 작성해주는 기능도 괜찮았다. 2024년 참석한 싱가포르 국제조정센터 설립 10주년 기념행사에서는 'MAIA(Mediation AI Assistant)'라는 이름의 분쟁조정 지원 AI 시스템이 소개됐다. 이 AI도 업로드 자료들을 토대로 사실관계를 시간 순서대로 정리하는 기능이 있었다. 제3자 포함 분쟁 당사자들을 모두 선별해 각각 역할을 정리하고 서로의 관계를 정리해 보여주는 기능도 복잡한 사실관계를 파악하는 데 큰 도움이 될 것으로 보였다. 그 밖에 동일한 이슈에 대해 양측 당사자의 주장과 입장이 서로 어떻게 다른지 분석하는 기능도 있었고, 당사자들이 분쟁 사안에 대해서 어느 정도 합의가 되면 합의문 초안을 작성해주는 기능도 들어 있었다.

AI를 이용해 복잡한 자료와 거래 구조를 분석해 불법 자금세탁을 추적하는 '무역 기반 자금세탁 방지 시스템(Anti-TBML)', AI가 베테랑 엔지니어 역할을 하면서 기술 인력들의 설비 검사를 돕는 고장 예측 및 정비 추천 서비스, 병원에서 AI를 활용해 검진의 신속성과 정확도를 개선해주는 서비스, 환자를 24시간 모니터링하면서 긴급상황 발생 시 의료진에게 경고하는 환자 케어 서비스 등 AI가 사업자의 비즈니스를 지원하는 영역은 무궁무진하다.

에이전트형 AI 여럿을 활용해 기업이 업무 프로세스 전반에 걸쳐 서로 다른 역할을 담당하는 AI를 다수 배치한 뒤 최상부 각각의 AI를 총괄할 '감독 AI(supervising AI)'를 두는 사업 구조까지 구상되고 있는 상황이다. 규모가 비교적 작은 회사들은 별도의 CTO(기술 담당 최고책임자)를 두지 않고 AI에 그 역할을 맡기고 있으니, 기업 내 AI의 중요성은 이미 상상을 초월하는 수준에 이른 셈이다.

그렇다면 소비자들에게 직간접적으로 많은 혜택을 제공할 AI가 왜 '도전'이 될까? 그리고 이 도전에는 어떻게 '응전'해야 할까? AI와 관련해 전문가뿐 아니라 일반 소비자들도 불안감을 느끼는 상황은 크게 다음의 네 가지로 나눠서 생각할 수 있다.

첫 번째는 '오류' 상황이다. AI가 원래 요구된 기능을 잘못 수행하는 경우다. 대표적인 예로서는 현재 우리가 흔히 쓰는 챗GPT 같은 생성형 AI의 '환각' 현상을 들 수 있다. 거대 언어 모델 기반의 생성형 AI는 특성상 기존의 컴퓨터 프로그래밍과는 큰 차이가 있는데, 자신이 모르는 사항에 대해서도 마치 아는 양 거짓으로 답할 수 있다는 것이다(미국의 어느 칼럼니스트가 "생성형 AI는 이과가 아니라 문과"라고 풍자한 게 기억난다). 실제 발생 확률의 크고 작음을 떠나서 소비자 입장에서는 수용하기 어려운 큰 결함이 될 수 있다. 자율주행 자동차의 사고를 낮은 확률을 근거로 합리화하는 테슬라의 일론 머스크(Elon Musk) 같은 사람은 AI를 사용할 때 잘못될 확률이 기존에 잘못됐을 확률보다 훨씬 낮으면 괜찮지 않겠느냐 식의 반응을 보이겠지만, 소비자 관점에서 수용 가능한지는 다른 문제다. 자주 인용되는 예로 만약 초콜릿 1,000만 개 중 1개에 치사량의 독극물이 들어 있다면 초콜릿을 먹겠는가? 그렇지 않을 것이다. 대부분 '블랙박스' 문제를 안고 있는 AI 시스템에서는 답은 나오는데 그 과정은 사용자가 파악할 수 없기 때문에, AI가 도대체 왜 이런 분석을 했는지에 관한 메커니즘 자체를 알기 어려워 오류 원인을 찾아내는 것조차 쉽지 않다.

두 번째는 '과용' 상황이다. 요즘 AI 개발 양상을 보면 굳이 활용할 필요가 없는 분야로까지 너무 확대되는 게 아닌가 하는 우려도 있다. AI는 지금으로서는 매우 비싼 기술이다. 사용하는 데 전력도 많이 들고 데이터 센터 설치 및 운영으로 인한 환경 부담도 문제가 되고 있다. 그런데 이런 엄청난 비용이 들어가는 AI로 전세계인들이 지브리풍 이미지를 만들고, 쓸데없는 질문에 답변을 요구하는 용도로 활용한다는 게 어리석게 느껴지기도 한다.

세 번째는 '오용' 상황이다. AI를 나쁜 목적으로 사용할 수도 있다. 비근한 예로 사람의 얼굴이나 특정 신체 부위를 합성해 유포하는 '딥페이크(deepfake)'나 특정인의 목소리를 합성해 실제로 말한 것처럼 꾸미는 '딥보이스(deepvoice)' 기술을 이용한 성범죄와 사기범죄를 들 수 있다. 무심코 SNS에 올린 자신이나 가족, 특히 자녀의 사진과 동영상이 범죄에 악용될 수 있다는 사실을 명심해야 한다. 그리고 이처럼 완전한 범죄 행위에 쓰이는 상황 말고도, 예컨대 AI를 이용해 보험 가입, 직원 채용, 학교 입학 등에서 특정 인종, 계층, 성별, 장애인, 기저질환자 등을 제외하는 차별 행위도 이와 같은 상황에 속한다.

네 번째는 '통제 불능' 상황이다. '오류'나 '오용'과 비교해 그 악영향은 재앙에 가깝다. 아마도 소비자들이 가장 두려워하는 상황일 것이다. SF 영화나 드라마에서도 가장 많이 다루는 상황이다. 스탠리 큐브릭(Stanley Kubrick) 감독의 걸작 〈2001 스페이스 오디세이(2001: A Space Odyssey)〉에서 살인까지 저지르는 AI 컴퓨터 '할(HAL)'이 대표적이다. 나는 이 이름에서 자꾸 '헬(HELL/지옥)'이 떠올랐다. AI를 통제하지 못하는 상황이 현실에서 일어나지 않으리란 보장은 없다. 미국과 중국에서는 이미 상용화한 자율주행 자동차가 교통법규나 운전자의 의사를 무시하고 제멋대로 움직인다고 상상해보자. 조만간 도입될 것으로 보이는 AI 간병 로봇이 수많은 요양 시설에서 단체로 폭주하는 상황도 떠올려보자. 실제로 중국 로봇이 통제를 벗어나 난동을 부리는 영상이 유튜브에 자주 올라오고 있다. 가격만 합리적이면 가정마다 한 대씩 보유할 것 같은 AI 가사 도우미 로봇이 말을 듣지 않으면 어떤 일이 벌어질까? 그저 웃어넘길 수준에서 그칠까? 절대로 그렇지 않을 것이다. 이처럼 충분히 예상되는 상황을 어떻게 예방하고 어떻게 수습할지에 대한 소비자들의 걱정을 쓸데없는 기우(杞憂)로 치부할 수는 없을 것이다.

AI를 바라보는 소비자들의 우려를 해소하면서 AI 산업을 발전시키기 위해 어떤 소비자 정책이 필요할까? 나는 다음의 여섯 가지를 제안하고 싶다.

첫째, AI 기술 현재 상황과 예상되는 미래에 관한 최신 정보를 계속 업데이트해 제공해야 한다. AI 시대에 소비자가 갖는 불안감을 불식할 가장 기본적인 방안이다. 다른 분야와 마찬가지로 AI와 관련해서도 온갖 가짜 뉴스가 범람하고 있다. AI를 이용해 로또 당첨 번호를 예측할 수 있다는 가짜 정보는 요즘도 소비자들을 현혹한다. 불필요한 공포심을 유발하는 가짜 정보도 많다. 기업과

정부는 이를 방치하지 말고 AI가 현재 할 수 있는 것과 할 수 없는 것, 미래에 할 수 있다고 예상되는 것, 그에 따른 위험 요소와 대응 방안 등을 담은 최신 정보를 계속 업데이트해 다양한 매체를 활용해서 소비자들에게 제공할 필요가 있다.

둘째, AI 산업에 필요한 자원을 공정하고 효율적으로 분배하기 위한 연구와 사회적 공감대를 형성해야 한다. 앞서 언급한 것처럼 AI 산업에는 막대한 비용이 소요되며, 자원 또한 유한하다. 이 사실을 망각하면 곤란하다. 엄청난 전력 소모와 데이터 센터 설치 및 운영으로 인한 환경 부담도 큰 문제다. 앞으로 정부는 AI 산업 발전을 위해 천문학적 액수의 자금을 투입할 예정이다. 이렇게 돈이 많이 드는 AI 기술을 지브리풍 이미지 변환처럼 그저 흥밋거리로만 이용하거나 기업에서 소비자들을 유인하는 마케팅 용도로만 사용한다면 그런 낭비가 어디 있을까? 유한한 자원을 어디에 먼저 사용하는 게 바람직한지 심도 있는 연구와 사회적 공감대가 형성되지 않는다면, AI 개발과 보급은 일부 대기업들의 돈 잔치로 끝날 수 있음을 명심해야 할 것이다.

셋째, AI 기술을 정부 차원에서 통제할 실질적 역량을 갖춰야 한다. 유럽연합의 '인공지능법'을 토대로 마련한 '인공지능기본법'이 곧 시행을 앞두고 있는데, 과연 우리 정부에 유럽연합처럼 AI를 실질적으로 감독하고 관리할 수 있는 역량이 있는지 의문이 드는 것은 나 혼자만의 생각일까? 다른 분야의 법률이나 정책과 달리 과학, 특히 AI 같은 첨단 기술은 이를 집행하는 정부 기관이 필요한 역량을 갖추고 있지 못하면, 한마디로 AI를 모르면 통제하기가 매우 어렵다. 온라인으로 진행된 소비자 보호 당국 간 국제회의에 참여한 적이 있었는데, 미국이나 영국 같은 선진국 정부도 AI를 활용해 교묘하게 이뤄지는 불법 온라인 마케팅을 조사하고 단속하는 데 어려움을 겪고 있었다. 필요한 전문 인재를 확보하기 어렵고, 관련 도구를 개발하고 활용하는 데 큰 비용과 오랜 시간이 소요되기 때문이다. 그래서 어떤 정부 관계자는 몇몇 국가와 함께 비용을 분담해 전문가를 고용하고 이들이 개발한 도구를 참여국들이 공유하는 방식을 제안하기도 했다. 자고 일어나면 저 멀리 가 있는 AI 기업들을 관리하기 위해서라도 정부의 규제 역량을 높이는 일이 시급한 과제다.

넷째, AI를 활용하는 소비자 역량을 강화해야 한다. 친환경적이 아닌데도 친환경 제품으로 포장하는 기업들의 '그린워싱(Greenwashing)' 문제에 이어 이제 제품이나 서비스를 광고·홍보하면서 AI 활용 수준을 부풀리는 'AI워싱'이 사회적 문제로 부각하고 있다. 한편으로는 기업이 아무리 뛰어난 AI 제품 및 서비스를 개발해도 소비자가 제대로 사용하지 못하면 무용지물이 되고 말 것이다. 이런 측면에서 소비자들의 'AI 리터러시(AI literacy)', 즉 AI 활용 역량을 강화할 정책도 필요하다. AI 리터러시는 소비자 개인이 AI 기술을 비판적으로 평가하고 효과적으로 소통 및 협업하면서 일과 생활 전반에 효과적인 도구로 사용할 제반 역량을 말한다. 우리나라 소비자는 이런 역량을 충분히 갖추고 있을까? 자칫하면 AI로 모든 게 바뀐 세상에서 낙오자로 전락할 수 있다. 정부는 이런 상황을 보고만 있어서는 안 된다.

AI 시대에 더욱 심각해질 '디지털 디바이드(digital divide)' 문제는 어떻게 해결해야 할까? 디지털 디바이드란 지능정보화기본법에 명시된 '정보 격차'와 같은 맥락인데, "사회적·경제적·지역적·신체적 여건 등으로 인해 지능 정보 서비스 및 그와 관련된 기기·소프트웨어에 접근하거나 이용할 기회에 차이가 생기는 것"을 말한다. 얼핏 봐도 AI와 관련해서는 이 격차가 더 커질 게 명확하다. 이에 대한 대책도 반드시 마련해야 한다. 특히 고령의 소비자들은 음식점에서 키오스크(kiosk) 사용도 어려워한다. 우리 아버지도 주문받는 직원 없이 키오스크만 있으면 "우리는 이런 것 몰라" 하고 손사래를 치시는데, AI라면 이 문제를 해결할 수 있을까? 뭘 알아야 AI의 편리함도 누릴 수 있다. 이에 대한 대비

책이 있어야 비로소 공정하고 신뢰할 수 있는 AI 시대를 맞이할 수 있을 것이다.

다섯째, 해석 가능한 AI 모델 개발에 투자와 노력을 아끼지 말아야 한다. AI가 편리하기만 하면 되지 않느냐고 생각할지 모르지만 그렇지 않다. 어떤 도구의 원리와 맥락을 모르면 도구의 노예가 된다. '블랙박스' 문제를 안고 있는 대부분 AI의 경우 만족할 만한 결과를 도출하긴 하지만 그 결과가 어떻게 나왔는지 과정을 알 수 없어서 신뢰도와 편향성에 문제가 있으며, 잘못된 결과가 나왔을 때도 어떤 부분이 잘못됐는지 파악하고 시정할 수 없다는 문제가 있다. 해결이 아닌 해석이 필요할 때도 많다. 특히 의료나 자율주행 등 사람의 생명이 달린 중대한 의사 결정에서 블랙박스 문제는 더욱 심각하다. 이 문제를 해결하기 위해 '해석 가능' 또는 '설명 가능' AI 개발에 더 많은 투자와 노력이 필요하다. 미국 국립표준기술연구소(NIST)에 따르면 해석 가능 AI는 네 가지 원칙, 즉 왜 그런 출력이 나왔는지에 대한 '설명', 사용자가 이해할 수 있는 '의미 전달', 프로세스를 올바르게 반영한 '정확성', 신뢰할 수 있을 때만 운영되는 '지식 제한'으로 작동한다. 이러면 AI의 결과에 대한 출력 근거를 자세히 설명할 수 있으므로 신뢰성이 확보된다. 어렵지만 불가능한 일은 아니다. 업계 관계자들은 해당

연구에 더 많은 자금과 노력이 투입되면 해석 가능 AI가 충분히 개발될 수 있다고 말한다.

AI에 도덕성을 탑재하기 위한 노력도 필요하다. 《도덕적인 AI》에 따르면 이와 관련한 가장 좋은 전략은 하향식(top-down) 접근법과 상향식(bottom-up) 접근법의 결합이다. 하향식 접근법을 통해 AI 시스템에 높은 수준의 일반성을 지닌 도덕적 원칙을 프로그래밍한 다음 그 원칙을 구체적인 상황에 적용하는 방법으로 학습시키는 동시에, 상향식 접근법으로 인간이 도덕적으로 선하거나 악하다고 판단하는 행동과 결정의 구체적인 사례를 학습시키면 AI도 인간과 유사한 도덕성을 지닐 수 있다.

더 나아가 이제는 소비자 권리 행사 자체를 기술적으로 구현해야 한다. 기업은 21세기 첨단 알고리즘과 AI를 갖추고 비즈니스를 하고 있는데, 소비자는 여전히 20세기 방식으로 문제가 발생하면 내용증명을 보내고 분쟁 조정 신청이나 소송을 통해 소비자 권리를 행사해야 한다. 정말이지 말도 안 되는 심각한 비대칭 상황이다. 소비자 권리 행사가 21세기 방식으로 이뤄지도록 하는 것도 AI 산업의 주요 과제여야 할 것이다.

여섯째, AI를 활용한 비즈니스 모델 개발을 지원하는 정책이 필요하다. "구슬이 서 말이라도 꿰어야 보배"다. AI 기술이 발전하더라도 유용한 비즈니스 모델로 적용하지 못하면 아무 쓸모가 없다. 챗GPT로 유명해진 오픈AI(OpenAI)를 비롯한 여러 AI 기업도 현재까지는 계속 적자를 보고 있는데, 눈에 띄는 수익을 낼 수 있는 비즈니스 모델을 아직 개발하지 못했기 때문이다. 우리 정부와 기업들이 파고들 틈새가 바로 이 지점에 있다. 비록 후발주자이지만 AI 경쟁에서 두각을 나타낼 수 있는 영역을 분명히 찾을 수 있을 것이다. 전통적으로 우리나라는 원천 기술보다는 응용 기술, 즉 원천 기술을 상용화하는 데 커다란 능력이 있고 이를 바탕으로 국제 경쟁력을 확보해왔다. 물론 AI 분야에서는 원천 기술이 중요하지만, 현실적으로 미국 및 중국과 경쟁하기란 쉬운 일이 아니다. 우리만의 장점을 살려서 AI를 활용한 비즈니스 모델 개발에 주력하는 편이 낫다. 그러려면 우선 AI 비즈니스 모델 개발에 걸림돌이 될 만한 요소부터 제거해 그 길을 평탄하게 만들 필요가 있다. 각종 법률과 제도를 미리 검토하고 기존 규제 방식을 개선하는 데도 노력을 기울여야 할 것이다.

지금까지 AI 시대에 발맞춰 소비자 정책 방향이 어디를 향해야 하는지 살폈다. 가상의 미국 서부 시대를 배경으로 한 드라마를 비유로 들어 시작했으니, 운율에 맞게 서부 영화를 하나 소개하면서 마무리하겠다. 서부 영화를 말할 때 존 웨인(John Wayne)을 빼놓으면 매우 섭섭할 것이다. 그가 주연을 맡은 수많은 영화 가운데 1962년 존 포드(John Ford) 감독의 〈리버티 벨런스를 쏜 사나이(The Man Who Shot Liberty Valance)〉가 있다. 총이라는 '무력'을 도구로 서부 질서를 유지하려는 톰과 법이라는 도구로 서부 질서를 새롭게 다잡으려는 랜스의 이야기를 그린 작품이다. 총으로 상징되던 시대가 저물고 법이 다스리는 새 시대가 열리는 과정을 흥미롭게 묘사하고 있다.

나는 서부 시대 같은 AI 시대도 이처럼 나름의 법률 체계와 질서가 정비되는 과정에 있다고 생각한다. 이 영화의 대사를 빌리면 "한때 황무지였던 곳이 정원으로 바뀌는" 과정인 것이다. 이 과정에서 국가의 국력과 기업의 경쟁력뿐 아니라 소비자에 대한 안전과 배려도 중요한 요소로 함께 헤아려지기를 기대한다.

플랫폼 시대: 플랫폼 공화국의 빛과 그림자

서울대학교 로스쿨의 정상조 교수가 플랫폼을 주제로 책을 냈는데, 제목이 《플랫폼 공화국》이다. 그렇다. 우리는 법보다 알고리즘이, 정부보다 플랫폼이 더 강해진 '플랫폼 공화국'에 살고 있다. 어느새 우리 일상은 온라인 플랫폼을 떠나서는 영위할 수 없는 상황에 이르렀다. 그렇기에 전혀 과장되지 않은 표현이다. 이는 우리나라뿐 아니라 전세계적인 현상이다. 중국은 일찍이 플랫폼 경제가 주류 시스템이 돼서 거의 모든 소비자 정책이 온라인 플랫폼을 중심으로 논의되고 있다.

사실 플랫폼과 관련한 문제는 다양한 각도에서 살필 수 있지만, 여기에서는 소비자 측면에서만 들여다보기로 한다. 소비자 관점에서 온라인 플랫폼의 장점을 보자면 다음과 같은 것들을 들 수 있다.

- 소비에 대한 시간적 제약을 극복할 수 있다.
- 소비에 대한 공간적 제약을 극복할 수 있다.
- 오프라인에 비해서 더욱 다양한 물품과 서비스를 소비할 수 있다.
- 다양한 부가 서비스를 즐길 수 있다.
- 가격 측면에서 더 큰 혜택을 누릴 수 있다.
- <u>플랫폼의 진입 통제에 대해 더 많은 신뢰와 기대를 가질 수 있다.</u>
- <u>플랫폼의 문제 해결 능력에 대해 더 많은 신뢰와 기대를 가질 수 있다.</u>
- <u>플랫폼에 대한 신뢰와 기대를 통해 소비생활을 더욱 안정적으로 확대할 수 있다.</u>

이 같은 장점 중에서 내가 특히 관심을 둔 부분은 밑줄 친 마지막 세 가지다. 플랫폼 기업이 자사 플랫폼에 입점하는 업체와 상품 진입을 잘 통제해서 문제가 있는 업체나 상품은 올라오지 못하게 하리라는 것, 업체와 소비자 사이에 분쟁이 발생하면 플랫폼이 잘 해결하리라는 것, 그럼으로써 플랫폼을 향한 신뢰와 기대가 증대해 소비생활이 더욱 안정적으로 확대될 수 있으리라는 것, 이것이 소비자 관점에서 피상적이고 일시적인 이익 때문이 아닌 더 장기적으로 플랫폼을 신뢰하고 이용할 수 있는 주된 근거이기 때문이다. 이 장점들을 제대로 실현한다면 소비자는 설령 플랫폼에서 판매하는 가격이 오프라인보다 더 비싸더라도 플랫폼을 이용할 수 있다. 이와 관련한 언론 보도를 살펴보자.

롯데ON, 가습기살균제 성분 탈취제 유통 선제 차단…"신뢰도↑"

온라인몰상에서 가습기살균제 성분이 담긴 탈취제가 유통될 가능성을 롯데쇼핑 이커머스 '롯데온'이 선제 차단한 것으로 파악됐다. 자체 검사 결과에 따라 사전에 조치를 취한 것이다. 19일 업계에 따르면 롯데온은 지난달 한 판매자가 취급하는 탈취제 제품 6개에 대한 판매 중지에 나섰다. 관련 유사 상품에 대해서도 후속 조치가 추진되고 있다. 이는 해당 탈취제에 가습기살균제 성분인

CMIT/MIT가 있어 시중에 유통되면서 소비자 피해가 발생할 수 있다는 우려를 토대로 취해진 행동이다. 유사 상품이 여타 플랫폼에서 다른 형태로 판매되고 있을 가능성은 있으나, 롯데온은 소비자 보호·플랫폼 신뢰 차원에서 조치한 것으로 파악된다.

앞서 롯데온은 올 4월 그룹 계열사인 롯데중앙연구소를 통한 정기 검사를 통해 해당 탈취제에 가습기살균제 성분이 있는 것을 파악했다. 또 탈취제가 기존 문제 상품으로 분류됐던 방향제를 품목만 바꿔 다시 판매하는 것일 가능성을 의심해 해당 셀러에게 소명을 요구했다. 셀러 측은 해당 제품 판매가 법적으로 문제가 없다는 등 주장을 한 것으로 전해진다. 반면 롯데온에선 충분히 소명되지 않았다고 보고 조치했다. 이에 대해 롯데온 측은 "매월 어린이 상품, 생활 관련 예민한 문제가 있을 수 있는 상품을 대상으로 진행하는 검사에서 성분이 검출됐던 것"이라고 말했다. 이어 "법적으로는 문제가 없어도 소비자 건강과 안전에 영향을 미칠 수 있는 부분에 대해선 보다 더 높은 기준으로 조치하자는 게 방침"이라고 설명했다.

롯데온은 5인 규모 TNS 조직을 통해 24시간 자정 체제를 운영하고 있다. 이상 징후를 포착하고 선제적 차단 후 소명을 받아 유통될 수 있도록 하는 방식이다. 갑자기 구매 취소 비율이 크게 늘거나 정품 확인 질문에 답변이 불충분한 경우 점검 대상이 되며, 정황에 따라 정산 대금 지급 보류·환불 등 조치가 취해진다. 이후 판매자가 충분히 소명하면 정상 거래된다. 반면 소명이 부족하면 해당 상품 유통을 중단시키고, 비슷한 사례가 2~3회 반복되면 플랫폼 퇴출 등 중한 조치를 취한다.

최근에는 인공지능(AI) 머신러닝을 토대로 더 다양한 키워드와 리뷰, 이미지 등을 통해 거름망을 촘촘하게 하는 작업이 진행되고 있다는 게 롯데온 측 설명이다. 지난 1월 유명 브랜드 패딩 가품 유통 사례를 적발한 것도 자정 체계 성과다. 설 연휴 즈음 집중적인 가품 판매 정황을 포착하고 후속 조치를 해 피해를 완충했다. 여기에 병행수입 등 판매와 관련한 초기 관리도 강화하고 있다. 거래 서류, 통관 증빙, 현장 점검 등을 통해 최종 입점을 허용하는 식이다. 롯데온 측은 "오픈마켓 특성상 완전히 막기는 어려우나 발생 가능성을 최소화하고, 일어났을 경우 소비자 피해를 최소화하려는 것"이라고 말했다.

한편 롯데온 외 다른 업체에서도 가품 대응 측면의 노력은 상당해 보인다. 플랫폼별로 명품 등 고가 구매층 확보에 매진 중인 가운데 신뢰를 얻기 위한 움직임으로 읽힌다. SSG닷컴은 자체 개발한 AI 기반 솔루션을 통해 판매 상품의 법규 위반, 허위 정보 등을 점검하고 있다. 기준에서 벗어난 표현·단어·오류 등을 검출해 조치한다. 아울러 그림·이미지에서 글자를 인식하는 기술을 적용해 후속 대응에 활용하고 있으며, 입점 판매자 상대 수시 점검 등을 진행하고 있다. 11번가도 전담팀을 두고 사전 탐색과 사후 점검을 진행 중이다. 가품 피해에 관해선 위조품 110% 보상 제도를 운영 중이라는 게 업체 설명이다. G마켓은 위조품 필터링 체계를 통해 매매 불가 상품 판매를 막는다. 해외직구로 명품을 사는 경우엔 감정 서비스도 제공하고 있다.

〈뉴시스〉 2023년 6월 19일 기사

플랫폼에 대한 비판과 불신이 쏟아지던 가운데 멋진 일이 일어났다. 많은 사람들을 회복할 수 없는 고통에 몰아넣은 가습기살균제 화학성분이 들어간 제품을 플랫폼이 사전에 막았다니. AI가 이렇게 좋은 일에 사용됐다니. 소비자가 플랫폼에 기대하는 게 바로 이런 신뢰일 것이다. 티메프 사태가 벌어졌을 때 나는 이런 내용의 칼럼을 기고했다.

온라인 플랫폼에 '신뢰' 있나

고등학생 때의 경험이다. 학교 앞의 육교를 건너면서 문득 '이 육교가 무너지면 어떻게 하지'라는 걱정이 들었다. 그 순간 육교를 유지하는 것은 건축 기술뿐만이 아니라 사람들의 '신뢰'라는 것을 깨닫게 됐다. 아무리 좋은 기술로 만들었어도 사람들이 육교를 믿지 못해 이용하지 않는다면 무용지물이 되고 말 것이기 때문이다.

온라인 플랫폼은 무엇으로 유지되는가? 겉으로 보면 플랫폼은 첨단 알고리즘을 갖춘 전산 프로그램, 치밀하게 짜여진 거래구조와 계약관계, 그리고 우수 인력으로 유지되는 것처럼 보인다. 그러나, 내가 고등학생 때에 육교에 대해 깨달은 것처럼, 실제로 온라인 플랫폼을 유지하는 것은 다름 아닌 플랫폼에 대한 '신뢰'인 것이다. 이제 그 신뢰를 어떻게 회복할지 다시 고민할 때가 됐다.

_〈법률신문〉 2024년 8월 28일 칼럼

성경 말씀 중에서 히브리서 10장 38절의 "오직 나의 의인은 믿음으로 살리라"는 구절을 참 좋아한다. 플랫폼이야말로 소비자들과 입점 판매자들의 믿음을 먹고 산다. 그렇지만 공교롭게도 온라인 플랫폼에 좋은 점만 있는 것은 아니다. 소비자와 입점 업체들의 신뢰에 부응하지 못하는 문제점과 위험도 내포하고 있다. 크게 네 가지를 들 수 있다.

첫 번째는 온라인 플랫폼 의존도가 커지면서 발생하는 문제다.

소비자와 입점 업체 모두에게 해당한다. 먼저 소비자 입장에서 플랫폼에 중독될 위험성이 있다. 온라인 숏폼(short-form) 콘텐츠에 도파민이 중독돼 헤어나지 못할 수도 있다. 이를 서울대학교 소비트렌드 분석센터는 '도파민(dopamine)'과 '파밍(farming)'을 합쳐 '도파밍(dopaming)'이라고 이름 붙였다. 즐거움을 경험할 때 뇌에서 분비되는 신경전달물질 도파민을 분출시키는 흥미로운 것들이라면 무엇이든 얻고 보려는 습관을 말한다. SNS에서 다른 사람들과의 끊임없는 비교로 박탈감이나 우울증에 빠질 수도 있다. 이 주제로 최근 화제가 된 책이 저널리스트 요한 하리(Johann Hari)가 쓴 《도둑맞은 집중력(Stolen Focus)》이다. 소비자들의 시간과 집중력을 어떻게든 더 빼앗으려는 대형 테크 기업(대부분 플랫폼 기업)의 알고리즘 조작 등이 개인의 노력으로 극복할 수 없는 심각한 집중력 상실 현상을 초래하고 있다. 이에 대한 사회적 대책 마련도 시급하다. SNS가 원인인 비극적인 사건도 자주 일어나고 있다. 다음 기사가 대표적이다.

인스타 때문에 딸 극단선택…미국서 엄마가 소송 제기

6개월 전 극단적 선택으로 딸을 잃은 어머니가 인스타그램·스냅챗 등 소셜미디어 업체에 소송을 제기했다. 소셜미디어 업체들이 이용자의 중독을 방치했고, 이 때문에 딸이 소셜미디어에 중독돼 우울증을 앓다 결국 세상을 떠났다는 주장이다. 영국 BBC, 미국 CBS 등의 보도에 따르면 미 코네티컷주의 태미 로드리게스는 인스타그램 모회사 '메타', 스냅챗 모회사 '스냅'의 이용자 보호 조치가 충분하지 않았다며 캘리포니아 연방법원에 소장을 제출했다. 로드리게스는 메타와 스냅챗이 캘리포니아 주의 공정거래 관계 법령을 위반했다며 딸을 잃은 데 대한 구제, 징벌적 손해배상을 요구했다.

그의 소송 대리인인 '소셜미디어 피해자 법률센터(SMVLC)'에 따르면 딸 셀리나 로드리게스는 생전에 소셜미디어에 심각하게 중독된 상태였다. 어머니가 소셜미디어 접근을 차단하려고 스마트폰을 압수하면, 어떻게든 다른 기기로 접속할 방법을 찾을 정도였다. 가장 큰 문제는 셀리나가 소셜미디어에서 성적인 이미지를 공유하라는 요청을 여러 차례 받았다는 점이었다. 이 요청을 끝내 거부하지 못한 셀리나가 올린 사진은 유출돼 학교에 퍼졌다. 결국 정신 건강이 피폐해진 셀리나는 2021년 7월 돌이킬 수 없는 선택을 했다. 세상을 떠나기 직전 몇 달 동안 셀리나는 심각한 수면 부족과 우울증에 시달렸다고 SMVLC는 덧붙였다. 어머니 태미 로드리게스는 소장에서 "메타, 스냅이 셀리나를 위험한 소셜미디어에 중독시켰다"며 "설리나는 소셜미디어의 악영향에 고통을 겪었다"고 주장했다. 그는 "인스타그램, 스냅챗은 정교한 알고리즘·AI로 인간 심리를 착취하도록 노골적으로 설계됐다"며 "미성년자를 비롯한 일반 이용자에게 안전한 서비스를 제공할 수 있으면서도 중독성을 키우는 데 수십억 달러를 썼다"고 지적했다.

이번 소송으로 인스타그램·페이스북 운영사 메타는 더욱 코너에 몰리게 됐다. 메타는 지난해 페이스북 수석 프로젝트 매니저의 내부 문건 폭로로, 회사가 이익을 위해 유해 콘텐츠를 사실상 방치했다는 의혹이 불거지면서 전방위 비판에 시달리고 있다. 작년 11월에는 메타의 소비자보호법 위반 여부에 대해 10개 주에서 조사에 나서기도 했다. 메타는 이번 소송에 대한 현지 언론의 질의에 별다른 답변을 내놓지 않았다. 스냅챗 운영사 스냅은 설리나의 사망에 대해 "매우 안타깝다. 가족에게 위로를 전한다"면서 "스냅챗은 실제 친구들과의 소통에 도움을 준다. 다른 소셜미디어 플랫폼과 다르게, 타인과 자신을 비교하는 기능은 없다"고 했다.

〈연합뉴스〉 2022년 1월 22일 기사

개별 소비자뿐 아니라 플랫폼에 입점한 업체들 입장에서도 플랫폼에 대한 의존성이 너무 강해지면 거기에서 벗어날 수 없게 된다. 이런 현상을 '록인(lock-in/잠김)' 효과라고 부르는데, 이렇게 가둬지는 것은 플랫폼 입점 업체들도 마찬가지다. 한번 갇히면 나중에 플랫폼이 불리한 거래조건을 부당하게 요구해도 입점 업체 처지에서 수용할 수밖에 없다. 티메프 사건에서도 티몬과 위메프 플랫폼에 입점한 여행사들이 애초에 소비자들의 결제 시점이 아니라 실제로 여행을 떠나고 나서야 비로소 정산을 받는 조건을 왜 수용했는지 잘 이해되지 않았는데, 이 또한 매출 의존도가 높아지면서 생긴 록인 효과 때문이었다.

두 번째는 플랫폼이 기술적인 방식으로 상품 노출을 조작하거나 조종할 위험성이다. 단순한 마케팅 차원을 넘어 소비자의 합리적 선택을 저해하거나 왜곡하는 문제가 벌어진다. 2025년 5월 쿠팡이 특정 상품의 매출을 높이기 위해 검색 순위를 인위적으로 조정한 혐의로 재판에 넘겨졌는데, 검찰에 따르면 쿠팡은 자회사 씨피엘비(CPLB)와 공모해 2019년 3월부터 2024년 11월까지 약 16만 회에 걸쳐 직매입 상품(자체 판매 상품)과 PB 상품(자체 브랜드 상품) 5만 1,300여 개의 검색 결과를 상품 페이지 상단에 고정 배치했다. 2020년 12월부터 2021년 9월까지는 이들 상품의 기본 점수에 최대 1.5배의 가중치를 부여해 검색 순위를 조정한 것으로 파악됐다. 그 결과 정상적인 방식으로는 100위권 진입도 어려운 다수의 상품이 검색 순위 1위에 상당 기간 머물 수 있었다. 실제로 검색 순위 상단에 고정 배치된 일부 PB 상품의 소비자 노출 횟수는 약 43%, 매출액은 약 76% 증가했다. 이 같은 행위는 소비자의 판단을 왜곡하고 다른 입점 업체들에 심각한 피해를 초래했다. 이런 조작이나 조정이 AI와 빅데이터 기술로 이뤄진다면 그 방식은 더욱 교묘해질 것이다.

세 번째는 플랫폼의 네트워크 효과로 인해 소비자 피해가 대규모로 확대되는 문제다. 머지포인트 사태가 대표적이라고 할 수 있다. 만약 머지플러스라는 중소기업이 할인 구매 쿠폰 머지포인트를 자체적으로 판매했다면 그 피해액은 그리 크지 않았을 것이다. 판매가 대형 플랫폼을 통해 이뤄지면서 천문학적 액수의 피해가 발생했다. 우리나라에 들어온 C-커머스, 즉 중국 자본 온라인 플랫폼에도 같은 위험이 있다. 유해한 제품이 개별적으로 수입되는 경우라면 그 피해가 상대적으로 작겠지만, 대형 플랫폼을 통해 유입되면 피해 정도를 예측하고 통제하기가 어렵기 때문에 우려가 커지는 것이다.

네 번째는 플랫폼 위험 예측과 대응에 관한 문제다. 플랫폼 거래는 구조가 매우 복잡해서 위험을 사전에 예측하기도 어렵고 분쟁 발생 시 해결하기도 쉽지 않다. 온라인에서 많이 판매되는 항공권이나 호텔 숙박권을 생각해보자. 얼핏 거래 구조가 간단해 보이지만, 진짜 문제는 실제 판매자가 누구인지 확실하지 않은 경우가 적지 않다는 데 있다. 항공권의 경우 어떤 때는 플랫폼은 중개 역할만 맡은 채 항공사나 여행사가 판매하기도 하고, 어떤 때는 플랫폼이 항공권 물량을 직접 확보한 뒤 재판매하는 형식을 취하기도 한다. 호텔 숙박권도 그렇다. 취소 시 환불 절차 등 거래조건도 플랫폼 자체의 약관인지 판매사 약관인지 애매모호할 때도 많다. 소비자가 구매할 때 이런 사항들이 확실치 않아서 위험의 정도를 파악하기 어렵고(머지포인트 사태에서 소비자 대부분은 머지플러스란 회사도 전혀 알지 못했다), 나중에 분쟁이 일어나면 해결하기도 어렵다(상대방 당사자를 확정하는 것부터가 난관이다). 플랫폼 운영사, 판매사, 제조사(공급업체), 수입자(수입업체), 서비스 제공자(서비스업체), 운송업자(유통업체), 결제대행사(카드업체/PG업체/간편결제업체 등), A/S 담당 회사 등 관련 당사자가 많아서 문제 발생 시 책임 소재를 따지기도 쉽지 않다.

플랫폼 운영에 AI 활용이 확대되면 이 같은 책임 소재 파악이 더욱 어려워질 것이다. 해석 가능 AI로 블랙박스 문제를 해결하지 않는 한 계속 어려울 수밖에 없다. 미국에서 어떤 소비자가 자신의 구글 계정이 영문도 모른 채 정지돼 큰 어려움을 겪었는데,

알고 보니 구글 클라우드에 발가벗은 자녀(아기) 사진이 저장돼서 계정 관리 AI가 소아성애자로 오인해 자동으로 정지시킨 것이었다. 우리나라에서도 소비자 분쟁 조정을 진행하는 과정에서 구글 계정의 자금이 이유 없이 동결된 사건이 있었는데, 소비자로서는 그 이유를 알 수 없었고 구글 측에서도 영업비밀이라는 이유로 알려주지 않아서 해결에 어려움을 겪은 바 있다.

그렇다면 온라인 플랫폼의 장점을 최대한 살리면서 방금 설명한 문제를 예방하기 위해서는 어떤 소비자 정책이 필요할까? 다음의 아홉 가지를 제안하고자 한다.

첫째, 전자상거래법 등 플랫폼 관련 제도를 전반적으로 개선하되 단계적으로 추진한다. 시대적 변화에 관한 연구 및 검토(1단계), 시대적 변화 속에서의 소비자 위치 검토(2단계), 소비자 보호 방안과 온라인 유통 및 플랫폼 관리 대책 검토(3단계), 제도 개선(4단계)이라는 네 단계를 순차적으로 밟아야 한다. 그러나 과거 우리 정부가 내놓은 정책들을 보면 앞의 1~3단계는 모두 생략하거나 충분한 공감대를 얻지 못한 상태에서 전제로만 설정한 채 성급하게 곧장 4단계로 진입하는 모습을 보였다. 그 결과 소비자단체와 관련 업계 및 학계 모두로부터 공감대를 얻지 못한 법안이 남발됐고, 서로 다른 이해관계로 법안 합의가 이뤄지지 못하는 와중에 새로운 디지털 기술과 제품이 계속 등장함으로써 시대 변화에 전혀 부응하지 못했다. 기존 법안이 제정도 되기 전에 이미 낡은 법안이 돼버리는 악순환이 반복된 것이다. 새 정부는 이와 같은 과거 정부의 전철을 되풀이하지 말고, 앞으로 우리나라 플랫폼 발전의 기틀이 될 제도 수립을 단계별로 소비자단체 및 기업들과 협력해 추진해 가기를 바란다.

둘째, 플랫폼 규제는 네거티브 규제 방식을 최종 목표로 한다. 향후 어떤 방향으로 전개될지 모르는 디지털 시대에서는 사업방식을 직접적으로 규제하기보다 어떤 상황에서도 위반하면 안 되는 핵심 원칙을 중심에 놓고 그 밖의 것은 모두 허용하는 '네거티브(negative)' 규제 방식이 더 바람직하다. 즉, 법률이나 정책에서 금지한 행위가 아니면 모두 허용하는 것이다. 이와 반대되는 개념이 '포지티브(positive)' 규제 방식인데, 법률이나 정책에서 허용하는 사항만 열거하고 그 밖의 것은 허용하지 않는다. '열거주의' 제도라고도 부른다.

현행 우리나라 법안 대부분이 포지티브 규제 방식을 취하고 있다. 빠르게 변화하는 시대에 새로운 산업과 관련한 법률과 규정을 신속히 만들어 적용해야 하는데, 방금 말했다시피 법안 합의 과정에서 이해관계가 상충해 좌초되는 일이 허다하다. 따라서

"이것들만 빼고는 다 해도 돼" 하고 숨통을 틔워줄 필요가 있다. 그래야 다양한 성장 동력을 확보하는 동시에 선을 넘지 않는 안전장치를 발 빠르게 마련할 수 있다. 나아가 네거티브 규제 대상의 금지 목록이 잘 이행되면, 구체적인 사업 모델이나 방식에 대한 규제들도 상당 부분 폐지하거나 정리하는 게 좋다.

셋째, 플랫폼을 효율적으로 통제하기 위해 정보통신 기술을 통한 소비자 권익을 실현한다. 그러려면 정부 관련 부처부터 IT 역량을 갖춰야 한다. 온라인 플랫폼은 어떤 규제를 하더라도 IT, 즉 정보통신 기술로 구현되지 않으면 의미가 없다. 디지털 시대의 규제는 단순히 법조문 문장만으로는 부족하고 그 내용을 IT로 적용해야 비로소 실제 효용이 있다. 앞서 AI 시대에 대한 정책 조언에서도 언급했듯이, 고도의 AI 플랫폼을 규제하려면 이에 대응할 만한 IT를 정부도 확보하고 있어야 한다. 현재 공정거래위원회에서 추진하는 다크 패턴 규제도 온라인 '선택 설계(choice architecture)' 측면에서 이를 분석하고 통제할 정보통신 기술이 없다면 교묘하게 이뤄지는 다크 패턴을 적발하기 어려울 것이다.

넷째, 기업을 문제 유발자보다 문제 해결사로 인식한다. 플랫폼 기업을 소비자 문제를 초래하는 문제 유발자가 아닌 소비자 문제를 해결하는 주체로 바라보고 그렇게 유도해야 한다. 잠재적 문제 유발자로만 보면 개선의 여지가 들어설 틈이 없다. 내 경험으로도 어려운 소비자 문제를 해결하는 주체가 정부가 아니라 기업이 되는 경우가 많았다. 2005년 중국 베이징에서 파견 근무하던 때의 일화다. 비가 세차게 내리는 금요일 저녁에 베이징 시내에서 택시를 잡는다는 것은 처량하기 그지없는 일이다. 양복바지가 다리에 철썩 달라붙을 정도로 젖은 채 1시간 넘도록 마냥 손을 흔들어야 했다.

관련 논문에 따르면 중국의 택시업계 구조가 독과점으로 공급 부족에 시달리고 있으니, 반독점법을 시행해서라도 독과점 문제를 해소해야 한다는 등의 논의가 있던 상황이었다. 그런데 이후 그간 중국 정부가 수십 년 동안 해결하지 못한 중국 대도시의 택시난을 해소한 쪽은 정부 법률이나 정책이 아닌 택시 호출 앱, 즉 모바일 플랫폼을 개발하고 보급한 기업들이었다. 이런 측면에서 기업이 소비자를 위한 창의적인 서비스를 계속 개발해 소비자 문제를 해결할 수 있도록 독려하고 유도하는 방안을 고민할 필요가 있는 것이다.

다섯째, 플랫폼의 역할과 기능 및 책임을 명확히 한다. 이는 비단 소비자에게만 좋은 게 아니라 플랫폼 사업자에게도 이익이다. 플랫폼 운영사, 플랫폼 이용사(입점 업체), 소비자 사이의 관계를 법률로 명확히 규정해 각각의 의무와 권리를 확실히 해둔 다음 그에 따른 책임 범위를 적절히 규제하면 3자 모두에게 유익하다.

이와 관련해 현행 전자상거래법은 플랫폼 사업자에게 통신판매중개업자의 위치로 여러 연대책임 의무를 부과하고 있다. 예를 들면 전자상거래법상 소비자가 단순 변심으로 7일 이내에 청약철회를 하는 경우, 통신판매업자의 대금 환불 책임에 대해 플랫폼 사업자도 대금을 받은 자로서 연대책임을 부담한다고 해석하는 게 일반적인 실무다(전자상거래법 제18조 제11항 및 제17조 제1항 참조). 아울러 전자상거래법상 소비자가 계약 내용과 다르게 이행됐음을 이유로 청약철회를 하는 경우에도, 통신판매업자의 대금 환불 책임에 대해 마찬가지로 플랫폼 사업자도 대금을 받은 자로서 연대책임을 부담한다고 해석하는 게 일반적인 실무다(전자상거래법 제18조 제11항 및 제17조 제3항 참조). 이 밖에도 통신판매의뢰자(통신판매사업자 또는 개인 판매자)의 정보 또는 정보 열람 방법을 구매 소비자에게 제공하지 않은 경우에도 플랫폼 사업자가 연대책임을 부담해야 한다.

하지만 머지포인트와 티메프 사태에서 드러났듯이 실제로 대형 사고가 일어날 때 플랫폼 사업자에게 책임을 지우기란 쉽지 않다. 법률상으로는 가능하더라도 소비자 처지에서 개별적으로 입증하는 게 쉽지 않은 데다, 분쟁 조정을 플랫폼 기업이 수락하지 않으면 소송을 통해 구제를 받아야 하는데, 거기에 드는 시간과 비용 부담이 너무 크다. 한편으로 플랫폼 사업자로서는 이런 연대채무를 부담할 가능성이 큰 우발채무를 거의 무제한적으로 부담한다는 게 회계 처리상 부담으로 작용할 것이다. 더욱이 투자자라면 국내 플랫폼 기업에 투자할 때 이 점을 문제 삼을 것이다. 이처럼 소비자에게 실익이 없는 무제한적 연대책임을 유지하는 게 바람직할까?

플랫폼 사업자가 소비자 보상 후 판매사나 유통사 등 책임 있는 관련 사업자에 구상권을 행사할 수 있다는 조건을 권한으로 부여해 자사 플랫폼 내에서 거래되는 제품이나 서비스에 대해 전적으로 플랫폼 사업자가 소비자 보상 책임을 부담하고, 이를 이행하기 위한 일정 금액을 별도 기금으로 조성해 소비자에게 보상하는 체제를 마련하면 어떨까? 플랫폼 사업의 운영 실태를 객관적으로 평가하면 어느 정도의 비율과 액수로 기금을 조성할지 합리적으로 판단할 수 있을 것이다. 이 경우 플랫폼 사업자의 고의나 중과실, 생명·신체에 대한 손해 같은 특별한 사항을 제외하고 플랫폼 사업자의 전체 책임을 일정한 범위로 제한하는 방안도 고려할 수 있지 않을까? 내가 보기에 이렇게 하면 소비자와 플랫폼 사업자 모두 윈윈할 구조가 만들어질 수 있다.

여섯째, 플랫폼의 투명성을 향상한다. 현행 전자상거래법에서 정보 제공 의무는 통신판매업자에 대한 제공에 편중돼 있고, 그마저도 제공되는 정보의 질이나 양에서 매우 형식적이다. 소비자가 거래할지 말아야 할지를 판단하고 결정하기에는 정보가 너무 부족하다. 소비자가 관심 있을 만한 통신판매업자의 재무 상태나 과거 위법 행위, 신용도, 평판 등에 대한 정보는 찾아보기 어렵다. 플랫폼 사업자에 대한 정보, 일테면 통신판매와 관련한 플랫폼의 전체적인 역할, 기능, 사업 모델, 거래 리스크 등에 관한 설명은 거의 제공되지 않는다. 머지포인트 사태에서 소비자가 머지포인트의 실제 발행사이자 최종적인 신용 제공자인 머지플러스의 재무 정보와 사업 실적에 대한 정보를 알았더라면 머지포인트를 그렇게 많이 구매했을까? 티메프 사태에서 소비자가 티몬과 위메프의 재무 상황이나 여행업체 등에 대한 정산 주기 등의 정보를 알았더라면 그 플랫폼에서 거액을 결제했을까? 이런 측면에서 볼 때 앞으로는 온라인 플랫폼이 형식적 정보만 제공하는 게 아니라 소비자가 반드시 알고 있어야 할 정보를 적시에 제공할 수 있도록 조치할 필요가 있다.

일곱째, 플랫폼 악용에 대한 대응책을 마련한다. 현재 플랫폼은 단순히 통신판매를 중개하거나 소개하는 소극적 역할만 수행하는 게 아니라 빅데이터, AI, 검색, 설문조사 기능 등과 결합해 소비자들의 구매 결정을 유도하거나 심지어 왜곡할 수 있는 수준까지 이른 상황이다. 개별 소비자의 선호도에 따라 차별적으로 가격을 책정할 가능성도 있다. 즉, 동일한 제품이나 서비스가 나와 다른 사람에게 각각 다른 가격으로 보이게 할 수도 있다. 이런 문제점은 물품 구매 외에도 문화 및 엔터테인먼트 영역, 예를 들어 플랫폼을 통한 아이돌 경연 투표 등에서도 충분히 발생할 수 있으므로, 이와 같은 악용에 대한 대응책 마련도 시급하다.

여덟째, 플랫폼이 소비자 분쟁 해결에 적극적 역할을 하도록 유도한다. 일정 규모 이상의 플랫폼 사업자에 대해서는 '온라인 분쟁 해결(ODR)' 시스템 구축이나 내부 분쟁조정위원회 설치 및 외부 분쟁조정위원회 회부를 의무화하는 등 플랫폼이 더 적극적으로 소비자 분쟁 해결을 위해 노력하게끔 유도할 필요가 있다. 온라인 판매 특성상 충분히 예상 가능한 집단 분쟁에 대해서도 이를 해결할 메커니즘을 미리 갖추도록 규제한다. 적극적이고 선진적인 분쟁 해결 시스템을 구축한 플랫폼 사업자를 대상으로 적절한 인센티브를 제공하는 방안도 필요하다. 하버드대학교 로스쿨 연구원 프리마베라 드 필리피(Primavera De Filippi) 등이 공저한 책

《코드가 지배하는 세상이 온다(Blockchain and the Law)》에서 설명하듯이 온라인 공간에서는 국가 법률보다 플랫폼 사업자의 약관 같은 자체 규정 또는 블록체인의 코드(code) 등의 기술적 사항들이 더 큰 집행력을 가지므로, 이를 적절히 활용한 분쟁 해결 방식을 모색해야 할 것이다.

아홉째, 국경 초월한 플랫폼 대응책을 확보한다. 플랫폼에는 사실상 국경이 없는데 법률적 규제는 국가별로 이뤄지기 때문에 이에 따른 다양한 문제점이 발생하고 있다. 알리익스프레스(AliExpress), 테무(Temu), 쉬인(Shein) 등을 흔히 C-커머스라고 부르지만, 사실 이들 플랫폼 사업자의 등록지는 중국도 우리나라도 아닌 제3국이며, 플랫폼 약관의 적용 법규도 제각각이다. 이런 상황에서 한편으로는 모든 규제를 이행할 형편이 안 되는 외국 사업자에게 과다한 의무를 부과하는 측면(과다 규제 문제)이 있고, 또 한편으로는 국내 사업자와 비교해 법 집행이 제대로 되지 않는 측면(과소 규제 및 불평등 규제 문제)도 있으며, 전자상거래법의 역외 적용과 관련한 법리가 명확하지 않아서 정부가 자의적으로 법을 해석·집행하는 측면(자의적 규제 문제)도 있다. 이 같은 문제를 해결하려면 장기적으로 국가 간 조약 체결 등의 노력이 필요할 테지만, 단기적으로도 전자상거래법에 외국 플랫폼 사업자에 관한 조항을 별도로 명시해 소비자 권리를 현실적으로 요구할 사안을 구체적이고 명확하게 규정하고 위반할 시 실효성 있는 법적 책임을 물어야 할 것이다.

고령화 시대: 노인을 위한 나라는 없다

앞서 티메프 사태 집단 분쟁을 살필 때 "소비자를 위한 나라는 없는가?"라고 물으면서 "노인을 위한 나라는 없다"에서 따왔다고 했는데, 이제 고령화 시대를 한마디로 표현하는 문구로 사용하게 됐다. 그런데 "소비자를 위한 나라는 없는가?"는 의문형이나, "노인을 위한 나라는 없다"는 단정형이다. 왜일까? 소비자를 위한 나라가 있는지 없는지는 아직 판단을 보류할 필요가 있는 데 반해 노인을 위한 나라는 없다는 것에 대해서는 확신에 가까운 느낌이 들기 때문이다.

이 책을 거의 마무리하는 시점에 예전에는 없었던 엄청난 규모의 소비자 사태가 일어났다. 국내 최대 이동통신사 SK텔레콤의 유심 정보가 해킹된 사건이다. 이 사태를 해결하고자 SK텔레콤은 유심 보호 및 유심 교체 서비스를 진행하면서 나름대로 안간힘을 쓰고 있다. 하지만 그 와중에 아래 기사가 내 눈길을 끌었다.

"부모님이 호구였네"… SKT 사태 후 자식들 '뒤늦은 한탄'

SK텔레콤 유심 해킹 사태 이후 유심 보호 서비스 가입에 대한 관심이 높아졌다. SKT가 보안 우려를 불식하기 위해 유심 무료 교체를 시작했지만, 유심이 일찌감치 동나자 "제발 유심 보호 서비스에 가입해 달라"며 유심 보호 서비스를 대안으로 내세웠다. 이에 따라 부모님 휴대폰으로도 유심 보호 서비스를 가입해드리려던 고객들이 가입 정보 확인 후 경악하는 사태가 이어지고 있다.

28일 SKT 가입자 A씨는 자신의 사회관계망서비스(SNS)에 "유심을 교체하러 대리점에 갔다가 대기 줄이 길어 포기하고 근처 LG유플러스와 KT 대리점을 둘러봤다"면서 "우리 집과 부모님 집 모두 SKT통신+IPTV+인터넷을 쓰고 있다고 하니까 견적을 내줬는데, 여러 혜택을 받아도 오히려 월 통신 요금이 줄었다"고 전했다. 이어 "충격적인 사실은 지금까지 팔순 부모님의 통신 요금을 월 3만 원대로 내고 있었는데 기초연금을 받는 65세 이상 노인들은 월 1만 2,000원이 할인돼 2만 원대 초반이면 된다는 걸 오늘에야 알았다는 것이다"라고 말했다.

또 다른 고객 B씨 또한 "이번에 SKT 유심 사태 때문에 엄마도 유심 보호 서비스 가입해야겠다 싶어서 그간 한 번도 접속 안 해본 엄마의 티월드를 들어가봤다가 경악했다"고 SNS에 적었다. B씨는 "유심 보호 서비스 가입 전 문득 엄마가 유료 부가 서비스 같은 거 가입하신 게 있나 싶어서 확인해봤다가 순간 어이가 없었다"면서 "엄마가 단 한 번도 써본 적 없는 온갖 유료 부가 서비스들이 잔뜩 가입돼 있었고, 도대체 언제 가입했는지도 모르겠는데 아마 기억도 못 할 언젠가 핸드폰 개통 당시였을 것"이라고 했다. 이어 "써본 적도 없는 부가 서비스들이 월 4만 4,000원이나 빠져나가고 있었다"면서 "진작 엄마 휴대폰 부가 서비스 가입 목록 같은 거 좀 확인해 드릴 걸 속상했다"고 전했다. 그러면서 "이런 경우처럼 휴대폰 잘 체크 못 하는 어르신들 본인도 모르게 서비스 가입돼 있고 그럴까 봐 우려된다"면서 "다들 부모님 휴대폰 부가 서비스 한 번씩 체크해봐도 좋을 듯하다"고 제안했다. 보통 휴대폰을 개통할 때 대리점에서는 기기값 할인 등을 내세우며 각종 유료 부가서비스 가입을 권유한다. 대개 3개월만 유지 후 후 해제하면 된다는 안내를 하지만, 디지털기기 사용 및 서비스 이용 내역에 둔감한 노령층은 이를 계속 유지하는 경우가 다수 있을 것으로 추측된다.

_〈한국경제〉 2025년 4월 29일 기사

앞서 나는 '서비스 제공 거래'와 관련해 '사업자를 위한 조언'에서 다음과 같이 썼다. 그때는 SK텔레콤 유심 해킹 사건이 발생하기 전이었다.

특히 고령의 소비자들이 이동통신 대리점에서 스마트폰 기기를 변경하는 계약을 체결할 때 보면, 심한 경우 낙서라고 볼 수밖에 없는 글자들을 여백에 잔뜩 써놓기도 하는데, 이후 분쟁이 발생한 상황에서 그것이 특약이었다고 이동통신사 대리점 사업자가 주장하면 그저 황당할 뿐이다.

이런 고질적인 문제는 진즉에 해결돼야 한다. 이런 문제를 여전히 방치하고 있던 SK텔레콤에 한마디 하고 싶다. "느그 프로 맞나?" 그리고 다시 한번 생각한다. 정말이지 노인을 위한 나라는 없다. 내가 이렇게 생각할 수밖에 없는 이유가 있다.

소비자분쟁조정위원회의 조정기일에 반드시 당사자들이 참석할 필요는 없다. 그런데도 굳이 먼 곳에서 올라와 참석하는 분들이 있는데, 대부분이 고령 소비자들이다. 송구하게도 조정기일에 처리해야 할 사건들이 수십 건이라 애써 찾아온 분들의 이야기를 충분히 들을 수는 없었다. 그래도 부산, 광주에서 오신 어르신들의 이야기를 듣노라면 돌아가신 어머니도 생각나고 잘 걷으시지 못하는 아버지도 생각났다. 이분들이 기차 타고, 버스 타고,

지하철 타고 이렇게 멀리까지 올 수 있을 만큼 건강하시다는 것만으로도 다행이라는 생각에 중언부언하셔도 저절로 미소가 지어졌다.

한국소비자단체협의회 자율분쟁조정위원장으로 일하던 시절에도 잊지 못할 기억이 있다. 어느 노부부가 상조에 가입하면 냉장고도 공짜로 주고 금목걸이도 공짜로 준다고 해서 가입했단다. 그런데 자식들이 하도 난리를 쳐서 중도에 해지했더니 환불도 쥐꼬리만큼이고, 받았던 냉장고와 금목걸이도 전액 현금으로 반납하라는 내용증명을 보내더라는 것이다. 이 때문에 조정 신청을 한 사건이었다. 다행히 조정 당일 신청인인 노부부뿐 아니라 피신청인인 사업자 측도 참석해서 1시간 정도 협의 끝에 조정이 잘 이뤄졌다. 냉장고는 현재 사용하고 있으니 원래 정가가 아니라 조금 더 내린 금액을 할부로 납부하도록 했고, 금목걸이는 상품성에 문제가 없으니 그냥 돌려주는 것으로 합의를 봤다. 그렇게 조정을 마쳤는데 갑자기 노부부가 그동안 참고 있던 눈물을 터뜨렸다. 상조 서비스 가입 이후부터, 특히 내용증명 우편을 받은 뒤부터 무서운 마음에 밤잠도 제대로 이루시지 못했던 것이다.

서울 송파구 문정동에 있는 한국소비자원 서울강원지원 방문상담실로 찾아오시는 분들도 대부분 고령 소비자다. 청력이 좋지 않은 분들이 많아서 상담원들과 서로 큰 목소리로 이야기하는 덕분에 바깥으로까지 말소리가 잘 들린다. 이동통신 계약 관련 문제, 로또 당첨 번호 예측 서비스 관련 문제, 의료 관련 문제 등 다양한 문제로 이곳 상담실을 찾는다.

소비자 피해의 상당수, 그중에서도 로또 당첨 번호 예측 서비스 같은 사기 피해 소비자들의 상당수는 고령자들이다. 의료 분쟁에서도 고령 소비자들이 겪는 어려움이 가장 크다. 그러나 어려움은 개선될 기미가 보이지 않는다. 키오스크와 모바일 뱅킹이 확대되면서 고령자들이 자주 찾는 은행 지점 숫자도 나날이 줄어들고 있다. 물론 한국소비자원을 비롯해 여러 소비자단체들이 고령자를 위한 키오스크 사용 교육을 열심히 하고 있고, 금융 당국이 은행 지점 폐쇄를 통제하고 있지만, 그렇더라도 시대 흐름을 바꿀 수는 없다. 필연적으로 고령 소비자들에게 어려운 환경이 될 수밖에 없는 것이다.

이분들의 인생 종착역은 더 비참하다. 삶의 막바지에 거동할 수 없을 정도의 몸 상태가 되면 누적되는 치료비와 간병비 부담 속에서 생을 마치게 된다. 용케 간병인을 구할 수 있고 거액의 간병비도 부담할 수 있으면 다행이나, 그렇지 않으면 가족들이 희생하거나 그냥 방치된다. 어머니가 돌아가실 때도 그랬다. 매일

주사 맞는 게 너무 힘들어 간호사가 어머니를 어르고 달래느라 "앵앵(어머니 표현을 그대로 옮겼다)"하는 것도 듣기 싫다고 하셨다. 24시간 쉬지도 못하는 간병인이 명절에라도 집에 돌아갈 수 있도록 내가 며칠 동안 어머니 간병을 했었는데, 그렇게나 빠지지 않던 살이 그때 쑥 빠졌다(이후로 지금까지 그때 몸무게를 유지하고 있어서 이 또한 어머니 선물인가 여기며 감사하고 있다). 대학병원에서 퇴원해 요양병원으로 옮기고서는 환경이 좀 나아지긴 했지만, 대학병원에서 감염된 항생제 내성균 때문에 면회도 제한되고 1인실에서 외롭게 지내실 수밖에 없었다. 검사일이 돼서 대학병원으로 가려면 구급차를 불러야 했고 침상에 누운 채로 진료실까지 이동해야 했다. 환자의 존엄이나 편의 같은 건 기대하기 어려웠다. 그렇지만 어머니를 살리고 돌보느라 고생한 의료진과 간병인들에게 고마운 마음은 간직하고 있다.

거액의 간병비 부담을 줄이려는 시도는 선거공약에서나 가끔 등장할 뿐 실현된 것은 아직 없다. 지난 윤석열 정부에서 요양병원 간병비 지원 시범사업을 시작한다기에 이제는 희망을 좀 가져볼 수 있을까 했지만, 최근 언론보도를 보면 이 또한 쉽지 않아 보인다. 이번 정부에서 되돌릴 수 있을까?

간병 지옥 해결한다더니…'요양병원 시범사업' 참여 중단 속출

'요양병원 간병 지원 시범사업' 난항

참여 병원 20곳 중 3곳 중도 이탈

예산 삭감에 신규 지원자도 못 구해

정부가 '간병비 걱정 없는 나라'를 만들겠다며 시작한 요양병원 간병 지원 시범사업이 초기부터 삐걱대고 있다. 시업사업을 시작한 지 8개월 만에 참여 병원 20곳 중 3곳이 참여 중단 의사를 밝혔는데, 추가 지원이 없어 공석을 메우지도 못하는 처지다. '간병비 건강보험 급여화'를 이뤄내겠다던 정부 의지에 대한 의구심도 커지고 있다. 6일 정부와 의료계에 따르면 국민건강보험공단은 올 2월 부산, 대구 소재 요양병원들을 상대로 간병 지원 시범사업 참여 공고를 냈다. 보건복지부가 작년 4월부터 10개 지역에서 시작한 시범사업 참여 병원 20곳 중 3곳이 작년 말 이탈한 탓이다. 건보공단 관계자는 "(참여 중단 기관들이) 간병 지원 대상자 모집, 간병인 수급 관리의 어려움 등의 사유로 미참여 의사를 표명했다"고 말했다.

보건복지부는 2023년 말 '간병 지옥'으로 불리는 환자 가족의 부담을 덜고자 요양병원 입원 환자를 대상으로 간병비를 지원하는 시범사업을 2단계에 걸쳐 추진하고, 2027년에 본사업으로 전환하겠다고 발표한 바 있다. 이를 위해 총 85억 원을 들여 요양병원에 입원 중인 의료 최고도·고도 환자 1,200명의 간병비와 병원 운영비 등 지원하는 1단계 시범사업을 진행 중이다. 혼수상태, 인공호흡기 부착 등 의료 필요도가 높으면서 장기요양등급 1~2등급에 해당하는 환자 중 통합판정 체계를 거쳐 병원 1곳당 약 60명에게 월평균 60만~80만 원의 간병비를 지원한다. 대상자로 선정되면 공단에서 제시한 교육을 이수한 간병인과 매칭이 이뤄지고 간병비 본인부담률이 40~50% 수준으로 낮아진다. 건보공단에 따르면 작년 말까지 1,406명의 신청자 중 74.5%(998명)가 통합판정 문턱을 넘었다. 다만 대기기간이 길어지는 동안 사망, 전실 거부, 퇴원 등의 사유로 이탈자가 발생해 실제 이용자는 895명(63.7%)에 그쳤다. 10명 중 6명꼴로 지원을 받은 셈이다. 참여 병원들은 통합판정의 문턱이 높은 데다 선정 기준이 모호해 운영에 애로사항이 많다고 입을 모은다. 특히 사업 참여 환자만을 위한 별도 병동을 운영하도록 규정한 데 대해 불만이 높다. 판정에 평균 한 달 이상의 기간이 걸리는데, 일반 환자와 혼합배치가 불가능해 병실을 놀려야 하는 경우가 부지기수란 얘기다. 선정 결과 예측이 어려우니 간병인 관리도 쉽지 않다. 실제 참여 병원 중 5~6곳은 간병인의 절반 이상이 나간 것으로 알려졌다. 사업에 참여 중인 요양병원장은 "간

신히 간병인을 구해 교육을 시켜놓아도 언제, 몇 명의 환자가 선정될지 모르니 계속해서 중도 이탈이 생긴다"며 "대다수 환자는 5개월의 지원 기간이 끝나면 병실을 이동해야 하는데 보호자가 이를 납득하지 못해 갈등을 겪는 일도 빈번하다"고 토로했다. 설상가상 올해 예산이 61억 원으로 삭감되며 요양병원에 주어지던 지원비는 반토막이 났다. 정부의 사업 기준에 맞추려고 중증 환자 위주로 병실을 채우고 간호 간병 인력을 추가로 채용했는데 대상자 선정이 안 돼 되려 손해를 보는 병원들도 생겼다. 기존 병원들도 울며 겨자 먹기로 남아 있는 상황이니 신규 지원자가 나설 리 만무하다.

_〈서울경제〉 2025년 4월 7일 기사

고령자들의 재산을 노리는 범죄도 갈수록 기승을 부리고 있다. 전세계적으로 '로맨스 스캠(romance scam)'이란 사기 수법도 유행 중이다. 이성적·동성적 관심이 있는 것처럼 접근해 피해자의 호감을 얻은 뒤 그 호감을 이용해 돈을 보내게 하는 등 사기를 치는 일종의 신용 사기다. 금품이나 은행 계좌, 신용 카드, 여권, 이메일 계정, 주민등록번호에 접근하거나 피해자가 사기범의 이익을 위해 사기를 저지르도록 하는 것도 포함한다.

이에 더해 국내에서는 요양보호사와 간병인에 의한 고령자 재산 탈취 사건도 발생하고 있다(물론 이런 나쁜 요양보호사와 간병인은 극히 소수일 것이다). 서울가정법원 부장판사를 지낸 김성우 변호사는 《아직은 가족, 끝까지 가족》이라는 책에서 다음과 같이 설명한다.

> 간병인이나 요양보호사, 가정부가 어느 날 인지 장애를 가진 노인의 배우자나 양자로 변신함으로써 문제가 되는 일이 종종 발생한다. 정신적으로 어려움을 겪는 사람을 돌보던 사람들이 그들의 인지능력 부족이나 상실 상태를 이용해 임의로 자신을 상속권이 보장되는 배우자나 양자로 등록하는 것이다. 사례들처럼 가족으로 등록하지는 않더라도 몰래 상당한 재산이 그들 앞으로 증여됐거나, 사망 후에 준다는 내용의 유언이 작성되는 경우가 많다.

사태가 이 지경이니 "노인을 위한 나라는 없다"고 단정해도 무리는 아니지 않을까? 고령화 시대라는 도전에 응전하기 위해서는 과연 어떤 소비자 정책이 필요할까? 나는 다음의 네 가지를 제안하고 싶다.

첫째, 소비자 정책 전체의 틀을 고령화 시대를 전제로 전면 재검토

해야 한다. 지금까지 소비자 정책은 건강한 성인 소비자를 기본값으로 설정한 뒤 여기에 미성년 소비자, 고령 소비자, 장애인 소비자 등에 특별 정책을 추가하는 방식으로 추진됐다. 그러나 머지않아 고령자 비율이 인구 전체를 압도할 만큼 높아질 것을 대비해 기본값도 조정해야 할 것이다. 오히려 고령 소비자를 중심에 놓고 소비자 교육 및 소비자 보호 영역을 설정해야 하지 않을까? 이렇게 하더라도 고령자가 아닌 소비자들에게 부정적 영향을 미치지는 않는다. 구글 출신의 경험 디자이너이자 저널리스트 클리프 쿠앙(Cliff Kuang) 등이 공저한 책《유저 프렌들리(User Friendly)》의 설명에 따르면 우리가 사용하는 휴대전화, 이메일, 키보드 등은 모두 장애를 지닌 사람들을 위해 고안된 발명품에서 유래했다. 이는 고령 소비자를 위한 여러 정책에도 동일하게 적용될 수 있다. 예컨대 금융상품 정보에 관한 설명 방식을 고령 소비자를 기본으로 해서 만들면 일반 소비자들도 훨씬 쉽게 이해할 수 있다. 고령 소비자가 사용하기 쉽게 키오스크나 온라인 구매 인터페이스를 바꾸더라도 일반 소비자들이 불편함을 느끼지는 않을 것이다. 큰 글씨는 누구에게나 잘 보이지만 깨알같이 작은 글씨는 고령자들에게 잘 안 보이는 것과 똑같은 맥락이다. 마찬가지로 고령자에게 안전하고 편리한 교통 시스템이라면 일반 소비자들에게도 안전하고 편리할 것이다.

둘째, 고령화 사회에 대응한 제품 및 서비스 개발을 장려해야 한다. 앞서 언급한 '클로바 케어콜'이 좋은 사례다. 돌봄이 필요한 고령자에게 AI가 주기적으로 전화를 걸어 건강, 식사, 수면 등과 관련한 일상적 안부를 묻고 이상 징후를 모니터링하는 서비스에 기꺼이 결제하는 소비자들이 앞으로 더욱 늘 것이다. 방문 및 재가 서비스도 활발해져야 한다. 의사나 간호사의 왕진 진료·치료 서비스도 많이 생겼으면 좋겠다. 거동이 불편한 고령 소비자의 법률 서비스 수요를 충족하기 위해 방문 법률 상담이나 방문 공증 같은 서비스도 활성화하면 좋을 것이다.

고령자를 위한 제품 개발 관련해서는 일상적인 소비생활뿐 아니라 고령자가 일을 하는 데 도움이 되는 제품도 많이 개발됐으면 한다. 앞으로는 고령이 돼도 여전히 실무에 매진하는 모습을 일상적으로 보게 될 것이다. 1인 가구를 위한 제품이 큰 시장으로 성장했듯이 고령자가 계속 일하는 데 실질적으로 도움이 되는 제품 시장도 조만간 무시하지 못할 규모로 커질 것이다. 예컨대 나이가 많아지면 철자 오류를 잘 발견하지 못하곤 하는데, 신경과학자 대니얼 J. 레비틴(Daniel J. Levitin)이 쓴 《석세스 에이징(Successful Aging)》에 그 이유가 나와 있다. 고령자의 뇌는 오랜 삶의 경험으로 고도화돼 있어서 철자를 자동으로 수정해서 보기 때문이다. 문서 소프트웨어에 이를 보완하는 기능을 추가하거나 고령자의 몸과 눈에 특화한 오피스 시스템 등을 개발하면 관련 시장이 형성되지 않을까 예상해본다.

고령자의 돌봄 시스템도 더욱 체계화할 필요가 있다. 2024년에 일본의 요양 양로 시스템을 견학할 기회가 있었다. 일본의 경우 민간기업, 공익법인, 지방자치단체, 중앙정부가 협력해 고령 소비자의 개별 상황에 맞는 다양한 종류의 주거 및 돌봄 시스템을 이미 제공하고 있었다. 중국도 민간기업 주도로 양로 주거 시설과 양로 돌봄 서비스를 제공하면서 지역 병원과 의료 제휴도 맺고 있었다. 우리나라도 이웃 나라나 여러 선진국들의 경험과 사례를 참고해 체계적이고 구체적인 고령자 돌봄 시스템을 구축해야 할 것이다.

셋째, 고령자 돌봄 체계에서 간병 분야는 특별히 관리해야 한다. 우리나라의 간병 시스템은 현재로서는 가족의 희생을 요구하고 돈으로 해결하는 방식에서 벗어나지 못하는 상황이다. 직업 간병인 수가 줄어든다면 그때는 돈으로도 해결하지 못하는 사태가 벌어질 것이다. 이와 관련해 일본 슈쿠토쿠대학교 사회복지학 교수 유키 야스히로(結城康博)의 책 《개호격차(介護格差)》를 보면 사는 지역과 부(富)의 정도 따라 큰 격차가 벌어지고 있는 일본의 요양 서비스의 현주소를 조명하면서, 특히 인력 부족 문제의 심각성을 집중적으로 살피고 있다. 이에 저자는 몇 가지 해결 방안을 제시하는데, 그중에서 눈여겨볼 만한 대목은 지역별 자체 인력 수급 방식이다. 지방자치단체가 나서서 지역 주민들이 요양 서비스에 필요한 능력을 갖추도록 무료로 교육하는 것이다. 우리나라도 심폐소생술(CPR)처럼 간병 교육을 의무화하면 어떨까 한다. 일반 국민이 모두 간병에 필요한 기본 지식과 요령을 갖춘다는 발상이다. 이미 이런 교육을 시행하는 곳도 있으며, 더 널리 보급될 수 있도록 동기부여가 될 인센티브를 제공하면 좋을 것이다. 나아가 현재 모호한 간병인의 법적 지위와 관련해서도 법률 개정이나 제정을 통해 정식 의료 체계에 포함될 수 있도록 의료기관의 간병인 교육 및 훈련을 장려하는 정책도 필요하다. 법적 지위 확보와 더불어 무리한 법적 책임도 동시에 완화해야 한다. 한편으로 유키 야스히로 교수는 일정 규모로 요양보호사 및 간병인을 아예 공무원으로 채용해 공익을 담당케 하는 방안도 제시하고 있다. 이런 방식으로라도 필요 인력을 확보해야 한다는 절박함이 느껴졌다. 우리도 필요한 간병 인력을 확보하기 위해 다양한 정책 방안을 모색해야 할 것이다.

넷째, 고령 소비자 피해에 즉각 대처하는 체계를 마련해야 한다. 고령자의 재산을 노리는 각종 사기 범죄, 로맨스 스캠, 일부 요양보호사나 간병인의 범죄 행위로부터 고령 소비자를 지키는 것은 결코 쉬운 일이 아니다. 많은 경우 고령자 자신이 부당한 피해를 당했다는 사실 자체를 인식하지 못한다. 이에 대응할 법적 수단으로 '성년 후견인 제도'가 시행 중이긴 하지만, 가정법원으로부터 성년 후견 결정을 받기까지 6개월 이상 걸리는 데다 거기에 드는 노력도 만만치 않다. 고령 소비자가 피해를 호소한 경우라면 경찰청 내 전담팀이 즉시 수사하고 필요 시 성년 후견인을 신속하게 지정할 수 있도록 법률을 개정할 필요가 있다. 요양보호사나 간병인의 재산 탈취 범죄에 대해서는 그 부도덕함과 죄질의 무거움을 고려해 더욱 엄하게 처벌하도록 하는 추가 조항도 필요하다.

기후 위기 시대: 지속 가능한 소비는 가능한가?

시대를 선도한다는 목표로 접근해야 할 마지막 주제는 기후 위기 시대의 지속 가능한 소비 정책이다. 1998년 내가 변호사로서 처음 맡은 업무는 환경법과 관련한 일이었다. 입사 첫해 5월 "꽃구경하면서 맥주 마시러 갈 사람"을 모집한다는 사내 인트라넷 게

시글에 혹해서 지원한 업무가 OB맥주 인수합병 프로젝트 환경 담당이었다. 환경법에 대한 지식이나 경험이 모두 부족해서 첫날에나 정말로 꽃구경하고 공장에서 맥주 시음한 게 전부였고, 그 다음부터는 환경법을 열심히 공부하면서 환경 실사를 하기 위해 전국 공장을 다니며 그야말로 쓰레기통을 샅샅이 뒤져가며 미신고 폐기물을 찾아냈다. 이때의 경험이 인생에서 매우 중요한 부분을 차지하게 됐다.

이후로 나는 소비자 관련 자원봉사를 할 때도 소비를 언제나 환경과 연결해 생각했다. 무엇보다 소비자 관련 법률이나 제도에 환경을 고려하는 부분이 없다는 사실에 눈을 떴다. 일테면 앞서 설명한 전자상거래법상 단순 변심에 의한 7일 이내 청약철회와 관련해서도 그렇게 반품된 물품을 어떻게 처리해야 하는지 전자상거래법은 아무런 규정을 두지 않고 있었다. 재판매되는지, 재사용되는지, 재활용되는지, 아니면 그냥 폐기되는지 전혀 신경 쓰지 않는 게 늘 마음에 걸렸다.

그리고 방문판매 등에 관한 법률(방문판매법)에는 '계속거래'라는 개념이 있는데, 1개월 이상에 걸쳐 계속(정기적) 또는 비정기적으로 재화 등을 공급하는 계약을 중도해지할 경우 대금 환불에 제약을 걸거나 위약금을 설정하는 거래를 말한다. 하지만 방문

판매법 제31조에 따르면 계속거래에서도 소비자가 계약 기간 중 언제든지 중도에 해지할 수 있다. 다시 말해 이미 공급된 상품에 대한 대가와 일정 위약금만 지급하면 언제든지 계약을 해지할 수 있는 것이다. 그러나 이때도 중도해지로 반품되는 물품의 처리에 관해 방문판매법은 아무런 말도 하지 않고 있었다. 왜일까?

그 이유는 우리나라 법률이 모두 행정 공급자 위주로 제정돼 운영되고 있어서다. 소비자법은 공정거래위원회 소관, 환경법은 환경부 소관, 이런 식으로 나뉘어져 서로 다른 행정부처 영역을 침범하는 것을 금기시하고 있기 때문이다. 이렇다 보니 소비자법 자체를 개정하지 않으면 해결하지 못할 환경 이슈가 그대로 방치되는 것이다. 이런 까닭에 정작 국가 법률의 수요자인 국민은 일관되고 통일된 규제가 아닌 여기저기 흩어진 규제 사항을 알아서 잘 찾아 모아야 비로소 자기 상황에 적용할 수 있다.

이런 와중에 '지속 가능한 소비'라는 개념이 등장하고 확산하기 시작했다. 나는 이 개념 자체에 의문이 들었다. '소비'라는 용어를 국어사전에서 찾아보면 "돈이나 물자, 시간, 노력 따위를 들이거나 써서 없앰"이라는 뜻인데, '써서 없애는 것이 어떻게 지속 가능할 수 있을까?' 하는 의문이었다.

이와 관련해 "이 재킷을 사지 마세요(DON'T BUY THIS JACKET)"

라는 역발상 광고 카피로 유명한, 친환경 사업 정책과 기업의 사회적 책임을 중시하는 미국 아웃도어 패션 브랜드 파타고니아(Patagonia)의 설립자 이본 쉬나드(Yvon Chouinard)는 자사의 역사와 경영 철학을 소개한 책 《파타고니아, 파도가 칠 때는 서핑을(Let My People Go Surfing)》에서 "세계의 다른 사람들이 미국인과 같은 속도로 소비자를 한다면 지구가 7개는 필요할 것"이라며 "미국인이 쇼핑센터에서 사들이는 것의 90%는 60~90일 이내에 쓰레기 더미로 들어간다"고 통탄했다. 이렇게 써서 없애는 소비가 지구를 파괴하는 죄가 된다는 것이다. 그러면서 "유한한 지구 위에서 무한한 성장이 가능하다고 생각하는 사람이 있다면 미친 사람이거나 경제학자일 것"이라는 영국 경제학자 케네스 볼딩(Kenneth Boulding)의 말도 인용했다.

지금과 같은 상황에서 정말로 지속 가능한 소비가 이뤄질 수 있을까? '써서 없애는' 행동을 하지 않거나 '써서 없애는' 방식을 바꾸면 가능할 것이다. 포기할 수는 없다. 우리가 살아가는 대한민국 그리고 이 지구가 우리에게 유일한 삶의 터전이기 때문이다. 내가 생각하기에 지속 가능한 소비를 위한 소비자 정책 방향은 크게 다섯 가지다.

첫째, 온라인 유통 및 플랫폼 관련 체제와 친환경 및 자원 절약 관련

체제를 통합해야 한다. 이렇게 해놓아야 비로소 지속 가능한 소비자 정책을 수립하고 추진할 수 있다. 그러려면 부처 사이마다 놓인 행정 장벽을 허물어야 한다. 지속 가능한 소비 문제에서만큼은 '네 일 내 일'이 없어야 한다. 이를 위해 한국소비자단체협의회는 대통령 직속 '소비자민생위원회'를 설치할 것을 제안했다. 지속 가능한 소비자 정책은 우리나라 모든 생활 영역의 소비 문제를 다뤄야 하므로 각 행정부처를 통괄하는 조직이 필요하다.

2017년 소비자정책위원회를 공정거래위원회에서 국무총리 소속으로 변경하는 소비자기본법 개정 시 개정 이유서에 "소비자정책위원회가 실질적인 범정부 컨트롤 타워로서의 위상과 기능을 갖도록 한다"고 명시한 것도 이런 이유에서였다. 그렇지만 이후 소비자정책위원회의 실제 운영을 들여다보면 실질적인 범정부 컨트롤 타워로서의 위상과 기능을 수행하지 못했다. 이런 상황에서는 지속 가능한 소비를 위한 범부처적 정책을 제대로 수립하고 추진할 수 없다. 그래서 기존의 국무총리실 산하 소비자정책위원회 대신 대통령 직속 기관으로서 소비자민생위원회를 설치하라고 요구한 것이다.

둘째, 현행 전자상거래법상 청약철회 제도와 방문판매법상 계속거래 중도해지 제도를 친환경 및 자원 절약 측면에서 재검토해야 한다.

청약철회나 중도해지가 소비자를 배려하는 제도임은 틀림없으며, 사업자에도 소비자 구매를 유인할 좋은 마케팅 포인트로 작용하는 것도 분명하다. 하지만 이로 인한 환경 부담은 누가 책임질까? 2024년 1월 〈뉴욕타임스(New York Times)〉에 실린 한 칼럼은 "당신이 바지를 반품할 때도 보이지 않는 가격이 있다"면서, 온라인 판매자들은 반품 제품을 재판매하기보다 그냥 폐기하는 게 비용 측면에서 더 유리하기에 미국의 경우 2020년 기준 약 260만 톤의 반품 의류가 폐기 처분됐다고 전했다. 아울러 미국에서 온라인 판매 제품 반품으로 매년 약 1,600만 톤의 탄소 배출이 발생하고 있다고도 했다. 차량 350만 대가 1년에 내뿜는 이산화탄소와 맞먹는 수치다.

관련 국내 통계는 찾지 못했지만, 아마도 인구 대비 비슷한 비율일 것이다. 이를 그저 두고만 보고 있어야 할까? 우선 이렇게 반품되는 제품들이 어떻게 처리되고 있는지 실질적인 조사가 필요할 것이다. 그런 뒤 조사 결과에 근거해 기존 제도를 어떻게 개선할지 검토해야 한다. 조사와 개선안 마련에 상당 시간이 소요되므로, 그 이전부터라도 소비자들이 온라인 플랫폼에서 제품 등을 구매하거나 청약철회 및 중도해지를 요청할 때 '환경 부담을 생각해 신중하게 결정할 것'을 요청하는 팝업을 띄우는 식의 캠페인을 펼칠 필요도 있다. 정부와 사업자 그리고 소비자단체 등이 모두 이에 관한 지혜를 모으기를 기대한다.

셋째, 제품 재활용을 위한 소비자 간 거래 활성화 지원 방안이 필요하다. 당근마켓이나 중고나라 등 소비자들끼리 중고 제품을 서로 사고파는 'C2C(Consumer to Consumer)' 플랫폼이 있어서 다행이라고 생각한다. 거래되는 물품의 종류도 늘고 있다. 그런데 한편으로 플랫폼을 악용해 사기 행각을 벌이는 사람들도 있고, 소비자가 아닌 사업자가 마치 개인인 듯 행세하기도 한다. 그리고 중고품 거래에서 분쟁이 발생할 경우 해결이 쉽지 않은 데다, 개인정보 보호도 아직 완벽하게 이뤄지지는 못하는 실정이다(중고 거래를 소재로 한 스릴러 영화 〈타겟〉을 보고 큰 충격을 받았었다).

중고 거래 C2C 플랫폼은 지속 가능한 소비 측면에서 중요한 역할을 하기에 반드시 해결해야 한다. 정부 차원에서도 이를 특정 플랫폼 사업자들만의 문제로 여기지 말고, 의견을 모아 앞으로도 계속해서 활성화하도록 지원 방안을 모색해야 할 것이다.

넷째, 제품 장기 사용 및 재활용을 위한 체계와 인센티브를 마련해야 한다. 파타고니아의 "이 재킷을 사지 마세요" 광고 캠페인은 무조건 새 제품만 사지 말고 기존 것을 고치거나 재활용해 오랫동안 사용하자는 메시지다. 정부 차원에서 이를 단순히 소비자의 의식 변화에만 기대지 말고 제품을 더 오래 사용하고 재활용할 수 있는 체계와 비즈니스 관행 개선 방안 마련을 위해 노력할 필요가 있다. 예를 들면 소비자분쟁해결기준에서 규정하고 있는 부품 보유 기간을 연장하는 방안도 있고, 소비자의 직접 수리를 어렵게 만드는 비즈니스 관행을 바꾸도록 제도를 개선하는 방안도 생각해볼 수 있을 것이다. 실제로 소비자의 '수리할 권리'를 법적으로 보장해야 한다는 목소리가 높아지고 있는 데다, 프랑스 같은 나라에서는 이미 시행하고 있기도 하다. 업계 동향과 외국 제도를 참고해 우리나라도 나름의 정책을 마련하고 시행하기를 바란다.

최근 환경 문제로 대두한 이른바 '울트라 패스트 패션(ultra-fast fashion)'의 대응책도 필요하다. 그때그때 유행을 재빨리 포착해 1~2주라는 초단기간에 '기획—디자인—생산—판매'까지 이뤄지는 패션 산업을 일컫는 말인데, 주로 온라인에서만 판매하는 모델로 그 특성상 쉽게 소비되고 폐기되는 경향이 있어서 환경에 큰 부담이 되고 있다. C-커머스 가운데 한 곳인 패스트 패션 브랜드 쉬인이 대표적인 사례로 소개되곤 한다.

다섯째, 그린워싱 규제를 기업의 친환경 사업 정책 추진을 장려하는 방향으로 조정할 필요가 있다. 앞서 언급했듯이 '그린워싱'이란 기업이 실제로는 환경보호 효과가 없거나 심지어 악영향을 끼치는 제품을 생산하면서도 허위·과장 광고를 통해 친환경 제품으로 포장하는 위장환경주의를 지칭한다. 그린워싱은 소비자의 올바른 선택을 방해할뿐더러 진짜 친환경 제품을 생산하는 기업들에까지 불신을 일으켜 결국 기업계의 친환경 정책 추진을 어렵게 만들기 때문에 규제가 필요하다는 데는 이견이 거의 없다. 우리나라에서도 공정거래위원회와 환경부가 각각 고시(告示)로 이를 규제하고 있다(그러나 하나의 사안을 부처 두 곳이 규제하는 상황에 대해 기업들의 불만이 적지 않다).

그렇지만 그린워싱을 규제하는 기준이 모호하거나 너무 엄격하면 오히려 기업이 친환경 정책을 추진하기 어려울 수 있다. 예를 들어 공정거래위원회 고시에 따르면 환경 관련 표시·광고의 부당성 판단은 진실성, 명확성, 상당성, 실증성, 전과정성, 구체성 등으로 판단한다고 명시하고 있는데, 과연 이런 원칙들이 명확할지는 의문이 든다. 아울러 원칙을 너무 엄격히 적용하면 기업들로서는 문제를 일으키고 싶지 않기 때문에 오히려 친환경 표시·광고를 포기하게 되고, 그러면 그나마 추진 중이던 친환경 관련 정책마저도 포기하지 않을까 걱정이 된다. 특히 규제를 제대로 분석하고 대응할 역량이 부족한 중소기업으로서는 애당초 친환경을 고려하지 않게 될 우려가 있다.

　가뜩이나 트럼프 재집권 이후 미국이 지속 가능한 발전을 위한 핵심 가치 'ESG(환경·사회·지배구조)'를 극단적으로 진영 논리화하는 데 대응하기 위해 유럽이 더욱 엄격해지는 그린워싱 규제로부터 자국 기업들을 보호하고자 이른바 '그린허싱(Greenhushing)', 즉 기업이 자사 제품이나 서비스가 얼마나 지속 가능하고 환경친화적인지 언급하지 않는 전략을 채택하고 있는 상황이므로 더욱 주의를 기울여야 한다. 국내 그린워싱 규제 정책이 예상치 못한 나쁜 결과를 초래하지 않고 원래 의도처럼 기업의 올바른 친환경 정책을 추진하는 방향으로 나아갈 수 있도록 더 세심한 관리가 요구된다.

에필로그

우리의 소중한 일상을 위하여

토요일에는 어머니를 만나러 요양병원에 간다. 소변줄도 차고 기력도 없으시지만, 아들을 보며 편안해하시는 어머니를 보며 위로를 받는다. 문득 생각나 라디오를 가져다 놓으니 극동방송 찬송가 소리가 은은하게 들린다. 아버지는 간병사에게 이런저런 불평을 늘어놓고, 때로는 어머니에게 못된 말도 하지만, 어머니는 힘없이 그저 듣고 계실 뿐이다. 그런데 내가 돌아갈 때면 눈을 동그랗게 뜨시는 것 같다. 토끼 같은 어머니의 눈⋯ 굳이 이야기하지 않아도 아신다는 듯이.

_2024년 4월 30일 일기

소비자분쟁조정위원회 위원장으로 일하던 시기에 어머니께서 돌아가셨다. 위 일기는 살아계신 어머니를 마지막으로 뵀을 때 기록한 것이다. 그렇게 며칠 뒤 새벽에 요양병원의 연락을 받고 급히 달려갔을 때는 어머니가 숨을 거두신 직후였다. 아무런 유언도 듣지 못했다. 그래도 내가 마지막 면회를 하고 돌아설 때 토끼처럼 동그랗게 뜬 눈동자를 통해 어머니의 유언을 들은 것처럼 느껴진다. 무슨 말씀을 하셨던 걸까? 아마도 이런 말씀이었을 것이다.

너무 걱정하지 말아라.
세상일이 네 뜻대로 되지 않아도 너무 낙심하지 말아라.
항상 기도하고 주님만을 의지해라.
내가 네 마음을 다 안다.

어머니는 젊어서부터 류머티즘 관절염으로 고생하시면서도 시장에서 하루 종일 장사하고 살림하면서 세 아들을 키우셨다. 우리 부부도 아들 둘을 키우다 보니 이게 얼마나 힘든 일인지 이제야 알게 됐다. 어머니는 아무런 유산도 남기지 않으셨다. 어머니가 돌아가신 후 구청에 사망신고를 할 때 재산 조회 신청 서비스가 있어서 했더니 아무것도 나오지 않았다. 옷 주머니에 있던 몇천 원이 전부였다. 그렇지만 어머니는 내게 더 큰 유산을 남기셨다. 어머니가 아픈 손으로 한 글자 한 글자 써내려간 유일무이한 손 글씨 성경전서가 지금 내 방 책꽂이에 있다. 나는 이보다 더 귀중한 유산을 상상할 수 없다.

어머니는 류머티즘 후유증으로 큰 수술을 여러 번 받으셨다. 그중에서 마지막 수술은 내가 기억하기로, 의사의 설명대로라면 목 관절과 신경을 모두 해체했다가 재조립하는 큰 수술이었다. 그 일이 있기 전 나는 중국 출장을 갔다가 귀국할 때 베이징 서우두 공항에서 책을 한 권 샀는데, 총리를 지낸 원자바오(溫家寶)가 가장 존경한다고 했던 당대 동양철학 권위자 지셴린(季羨林) 교수의 《이 한평생(这一辈子)》이었다. 분당서울대학교병원 수술실 밖에서 수술이 끝나기를 하염없이 기다리며 이 책을 꺼내 들었다. 그리고 수십 개 소제목 중에서 하나를 골라 읽기 시작했다. "한 마리의 늙은 개(一条老狗)"라는 제목의 글이었다. 대략 이런 내용이었다.

나(지셴린)는 이유는 알 수 없으나 지난 70년의 오랜 세월 동안 수시로 한 마리 늙은 개의 모습을 떠올리곤 했다. 국내든, 국외든, 아시아든, 아프리카든, 눈을 감으면 불시에 늙은 개의 모습이 떠올랐다. 왜일까? 나는 여섯 살 때 고향을 떠났다. 아니, 어머니를 떠났다. 가난 때문에 고향에서는 학교에 다닐 수 없어서 지난(濟

南)의 삼촌 집으로 간 것이었다. 그러나 당시에는 이런 사정을 이해할 수 없어서 어머니 품을 떠나서 혼자가 된 첫날 밤새도록 울었다. 초등학교, 중학교, 고등학교를 졸업하고 대학에 입학하기 전까지 고향에는 딱 세 번만 갔다. 내가 열두 살 때 아버지 장례를 치르기 위해 세 번째로 고향에 갔을 때, 홀로된 어머니는 그저 아픈 마음으로 눈을 동그랗게 뜨고 당신이 가장 사랑하는 아이가 떠나는 모습을 지켜볼 수밖에 없었다. 누가 알았을까? 그때가 어머니가 당신 아들을 마지막으로 보는 것이었음을. 누가 알았을까? 그때가 내가 어머니를 마지막으로 보는 것이었음을. 그 후 나는 바라던 대로 명문대에 입학했다. 그리고 이제 내가 명문대를 졸업해서 안정적인 직장을 갖고 돈을 벌면 어머니를 지난으로 모시고 와서 함께 행복하게 사는 모습을 꿈꾸었다.

하지만 대학 재학 중 받은 한 통의 전보, "모병속귀(母病速歸/어머니가 병이 드셨으니 속히 돌아올 것)"라고 적힌 전보가 모든 꿈을 앗아갔다. 나는 고향으로 가는 기차에서 계속 생각했다. 어머니가 정말 병이 나신 걸까? 아니면 이미 돌아가셨는데 이렇게 보낸 걸까? 기차가 14시간 이상 달리는 동안 눈을 감았다가 떴을 때 전신주가 보이면 안심했다가, 다시 눈을 감았다가 떴을 때 전신주가 보이지 않아 불안했다. 고향 집에 도착해서 보니 역시나 어머니는 이미 돌아가신 후였다. 집 문 앞에 한 마리 늙은 개가 조용히 쭈그리고 앉아 있는 것을 발견했다. 나는 홀로된 어머니가 아들을 보고 싶은 마음을 달래면서 돌봤을 그 늙은 개를 그저 안아줄 수밖에 없었다. 형편상 도저히 개를 데리고 갈 수는 없어서 자꾸 뒤를 돌아보며 떠날 수밖에 없었다. 70년이 흘렀지만 나는 아직도 가끔 그 늙은 개가 생각난다. 어떻게 지냈을까? 주인도 없어지고, 작은 주인도 떠나서 굶어 죽지는 않았을지. 그래도 그 늙은 개는 어머니의 낡은 집 문 앞을 절대로 떠나지 않았을 것이다.

지셴린 교수의 이 글은 다음과 같은 문장으로 끝났다.

> 나는 절대로 윤회전생(輪回轉生) 같은 것은 믿지 않았다. 그러나 지금 나는 한 가지를 믿고 싶어진다. 나는 이미 아흔 살이 됐고, 앞날도 아주 짧다. 내가 이 세상을 떠난 후 천상 또는 지하의 어느 곳에서든 어머니를 다시 만날 때, 당신의 발 아래 쭈그리고 있는 것은 여전히 그 늙은 개일 것이라고..

나는 어머니가 수술실에서 오랜 시간 수술을 받으시는 동안 이 글을 읽으면서 하염없이 펑펑 울었다. 그때 베이징 공항에서 산 게 하필 이 책이었고, 수술실 밖에서 고른 글이 하필 이 부분이었는지 모르겠다. 아마도 모두 우연이었을 것이다. 그렇지만 나는 우연으로 느끼지 않았고, 이 글을 읽으면서 어머니가 무사히 수술을 잘 마치게 해달라고 간절히 기도했다.

어머니의 유언, 사실은 내가 넘겨짚어 생각한 그 유언처럼 세상일이 내 뜻대로 되지는 않았다. 소비자분쟁조정위원회 위원장 퇴임 후 로펌으로 복귀해 예전에 하던 국제 업무를 계속하려던 계획은 실현되지 못했다. 게다가 세상은 혼란 속으로 빠져들고 있었다. 트럼프가 유발한 관세 전쟁이 전세계를 불확실성의 소용돌이로 몰아넣고 있었고, 우리나라 정국도 한 치 앞을 예측할 수 없는 안개로 뒤덮여 있었다. 새 정부가 들어서면 이 혼란이 잦아들까? 쉽지 않을 것이다.

개인적 불안과 사회적 불안이 한꺼번에 밀어닥치면 우리는 좌절하기 쉽다. 나부터도 그렇다. 최근 서거한 프란치스코 교황이 《악마는 존재한다(Libreria Editrice Vaticana)》에서 한 말처럼, "때로 우리 안에는 슬픔과 실패로 이야기를 끝맺고자 하는 충동 같은 것"이 있기 때문이다. 하지만 이런 때일수록 우리의 일상을 소중하게 여기고 지키려는 노력이 더 중요해진다. 우리의 소비생활이야말로 가장 소중한 일상이다. 돌이켜보면 내가 소비자분쟁조정위원회 위원장으로 3년 동안 일하면서 얻은 것은 거창한 법률 지식도, 타인이 할 수 없는 경험도, 화려한 언변도, 능숙한 기교, 엄청난 인맥도 아닌 이 교훈 하나였다. 인생에서 소비생활이 너무나도 중요하다는 사실, 이 교훈을 모든 소비자에게 일깨우고 지켜주는 일이 내 소명이 될 수 있음을 깨달았다. 그래서 소명을 수행하는 첫 번째 단계로 이 책을 썼다.

앞으로 이 소명을 어떻게 수행해나갈지 솔직히 말하면 아직은 잘 모르겠다. 내가 가진 자원이 아주 많다고 느낄 때도 있고 아무것도 없다고 느낄 때도 있다. 그래도 뚜벅뚜벅 걸어가려고 한다. 질그릇 같은 인생이고, 약하디약한 인간일 뿐이지만, 해야 할 일을 찾았으니 하루하루 용기 내서 나아갈 것이다.

최근 유튜브에서 어떤 동영상을 보고 마음이 무너져 내리는 것 같았다. 학교 폭력에 시달려서 결국 스스로 목숨을 끊은 한 학생의 살아생전 마지막 모습, 자살하기 위해 엘리베이터를 타고 올라가며 하염없이 우는 모습이었다. 그 모습을 보고 스스로에게 물었다. 네가 변호사라면 무언가 할 수 있어야 하지 않아? 변호사 자격증이 남을 벌하고 심판해 돈이나 벌라고 있는 게 아니라, 다른 사람을 도우라고 있는 자격증이라는 사실을 그동안 잊고 산 것 같아서 죄책감에 또 울었다. 나는 대체 무엇을 위해 살았고 어떻게 살아야 하는가?

지금 이 책을 다 읽은 여러분도 살면서 수많은 일들을 겪었고 또 겪을 것이다. 후회도 많았고 기쁨도 많았을 지난 삶에서 우리가 서로 무엇을 느꼈는지 함께 이야기를 나눌 수 있으면 좋겠다. 그리고 자라나는 우리 자녀들과 우리보다 더 험한 세월을 견뎌왔을 우리 부모님들에게도 무언가 좋은 것을 줄 수 있으면 좋겠다. 나 혼자만 생각도, 거창한 소망도 아니라고 생각한다. 우리의 소중한 일상을 우리의 힘으로 지키려는 작은 움직임에 모두 함께하기를 기도하면서 이 책을 마친다.

나의 소비자 분쟁 조정기
우리의 소중한 일상을 지키는 방법

초판 1쇄 인쇄 2025년 6월 18일
초판 1쇄 발행 2025년 6월 25일

지은이 변웅재
펴낸이 조민호

펴낸곳 안타레스 유한회사
출판등록 2020년 1월 3일 제390-251002020000005호
주소 경기도 광명시 일직로 72, 광명무역센터 A동 1312호
전화 070-8064-4675 팩스 02-6499-9629
이메일 antares@antaresbook.com
블로그 blog.naver.com/antaresbook 페이스북 facebook.com/antaresbooks
인스타그램 instagram.com/antares_book 유튜브 youtube.com/@antaresbook

ⓒ 변웅재, 2025(저작권자와 맺은 특약에 따라 검인을 생략합니다.)
ISBN 979-11-91742-29-9 03330

안타레스는 유한회사의 단행본 전문 출판 브랜드입니다. 삶의 가치를 밝히는 지식의 빛이 되겠습니다. 이 책의 출판권은 저자와 독점 계약한 안타레스 유한회사에 있습니다. 저작권법에 따라 보호를 받는 저작물이므로 무단 전재와 복제를 금합니다. 이 책 내용의 전부 또는 일부를 이용하려면 반드시 저작권자와 안타레스 유한회사의 서면 동의를 받아야 합니다.

*책값은 뒤표지에 있습니다. 잘못 만들어진 책은 구입하신 곳에서 바꿔드립니다.